AF325920

LA VIE

DE

SAINT LUNAIRE

ÉVÊQUE ET CONFESSEUR

Par M. l'Abbé ROZÉ

Missionnaire apostolique
Chanoine, Membre de la Société de Géographie de Paris

SAINT-MALO

IMPRIMERIE H. RICHARD ET LE LAGADEC
8, RUE ROBERT-SURCOUF, 8

—

1894

LA VIE

DE

SAINT LUNAIRE

ÉVÊQUE ET CONFESSEUR

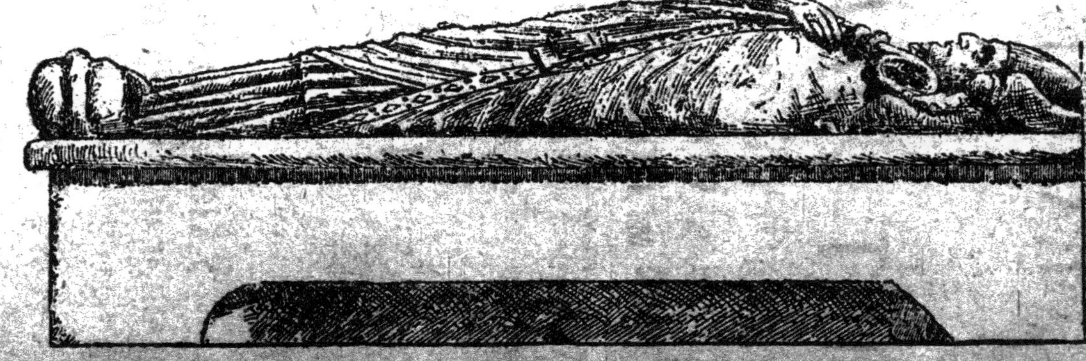

Tombeau de saint Lunaire (chapitre XVII, page 135)

LA VIE

DE

SAINT LUNAIRE

ÉVÊQUE ET CONFESSEUR

Par M. l'Abbé ROZÉ

Missionnaire apostolique
Chanoine, Membre de la Société de Géographie de Paris

SAINT-MALO

IMPRIMERIE H. RICHARD ET LE LAGADEC

8, RUE ROBERT SURCOUF, 8

—

1894

LA VIE

DE

SAINT LUNAIRE

ÉVÊQUE ET CONFESSEUR

PRÉAMBULE

L'ancien pays des Curiosolites, cette partie la plus importante de l'Armorique, est remarquable par le caractère franc et loyal de ses habitants. Cette population gallo-romaine, très nombreuse de nos jours, a conservé et conserve toujours un vif attachement à la foi catholique, implantée chez elle par nos saints des premiers siècles du christianisme.

Deux écrivains distingués : Albert Le Grand et Guy-Alexis Lobineau, nés tous les deux aux confins du territoire Morlaix et Rennes, ont publié l'histoire des saints dont la Bretagne s'honore.

Le premier, le bon Albert Le Grand, ce peintre admirable, extraordinaire et

1

béni de nos saints Bretons, mentionne à peine saint Lunaire.

Le second, Lobineau, n'en laisse qu'un incomplet aperçu. Autant que possible, comblons cette lacune !...

L'idée nous en vint à la Chapelle-Blanche, paroisse des Côtes-du-Nord, à la vue d'un enfant guéri par l'intercession de saint Lunaire : c'était le 3 juillet 1892, après une splendide cérémonie à la fontaine de saint Lunaire.

Qu'elle est belle cette vie ! Qu'elle est admirable cette physionomie du moine breton ! Nous voyons ce fils de prince se faire laboureur, défricheur obstiné. A force de travail, de notre sol couvert de ronces, émaillé de halliers, il fait un pays de riches moissons ! et des produits de cette terre autrefois inculte, il retire de l'or qu'il donne généreusement au roi ! Puis, bravant la tyrannie, l'oppression, il secourt, il protège les faibles, fonde de nombreux centres de civilisation. Puis, en mourant, il laisse comme monument indestructible un peuple régénéré, formé par ses soins assidus à la vie morale comme à la vie matérielle, à l'Evangile comme à la civilisation. Au lendemain de sa mort, comme de nos jours, ce peuple se fait gloire de porter son nom, d'avoir son fondateur comme patron au ciel et sur la terre.

Le soin d'écrire une telle vie me séduit ! Dans ma solitude volontaire, travailler à la gloire de Dieu, en esquissant la vie d'un de ses saints, faire ressortir l'influence de l'Eglise en notre pays par l'action de saint Lunaire est mon but, ma seule ambition !

Et ce but me fut facilité par M. l'abbé Duchesne, membre de l'Institut, professeur à la Faculté de Théologie catholique de Paris. Un jour, dans son petit pavillon près la tour Solidor, à Saint-Servan, où le docte Professeur reste collé comme une huitre pendant ses vacances (c'est son expression), il m'indiqua la source des documents inédits de saint Lunaire.

LES DOCUMENTS INÉDITS

Muni d'un tel renseignement, je m'adressai à M. le Directeur de la Bibliothèque nationale de Paris, rue Richelieu, et ne reçus point de réponse.

Déçu, mais non découragé, j'écrivis en Belgique, à Bruxelles, d'où je reçus les lignes suivantes, d'un érudit :

Bruxelles, le 8 août 1892.

« Monsieur le Chanoine,

« J'ai la bonne chance de trouver parmi
« les feuilles du second volume du cata-
« logue des manuscrits hagiographiques
« de la Bibliothèque nationale de Paris,
« les deux feuillets qui contiennent la
« vie de saint Lunaire. Je suis heureux
« de pouvoir les offrir à un ami de
« M. l'abbé Duchesne.

« DE SMIDZ. »

C'est avec ces documents en latin, jusqu'alors inédits, que je vais retracer la vie, raconter les vertus, donner une idée de l'action providentielle de saint Lunaire dans notre pays. Cette précision, cette indication, me dispensent de tout renvoi au cours de ce récit. Ce manuscrit a lui-même son histoire : c'est une véritable odyssée, la voici :

Le 9 septembre, je recevais ce nouveau renseignement du Père de Smidz, société des Bollandistes, 14, rue des Ursulines, Bruxelles.

« Les manuscrits de la Bibliothèque
« nationale d'après lesquels nous avons
« publié la vie de saint Lunaire portent
« actuellement le n° 5317. Anciennement,
« c'est-à-dire en 1744, il avait été de la
« Bibliothèque royale sous le n° 1176.
« Avant d'entrer dans la Bibliothèque
« royale, il apppartenait à l'Abbaye de
« Boupart du diocèse d'Evreux, 267 recto.
« *Liber sanctæ Mariæ de bono portu, quem*
« *si quis obstulerit.*

« Le manuscrit contient 267 feuillets
« de format moyen (26 centimètres sur 20),
« 2 colonnes, écriture du XIVe siècle.

« DE SMIDZ, *Bolland.* ».

Ce manuscrit primitif est du xe siècle.

Comment ce manuscrit se trouvait-il à Evreux au xive siècle, lorsqu'il entra dans la Bibliothèque royale? Nous pensons qu'en 965 il était encore dans le monastère de saint Lunaire.

A cette époque survint l'invasion normande, l'évêque d'Aleth, Mgr Salvator, pour les soustraire à une déprédation certaine, transporta à Paris les reliques de saint Malo, de saint Magloire et de saint Lunaire ; le manuscrit commencé par le saint suivait les reliques. Hugues le Grand, duc de France, et son fils Hugues-Capet, plus tard roi de France, avaient fondé à Paris, pour recevoir les reliques précieuses, le monastère de saint Magloire.

Après un certain laps de temps, le calme étant revenu en Armorique, les Bretons voulurent remporter les reliques de nos saints ; ceux qui portaient le corps de saint Lunaire s'arrêtèrent à Evreux, à Beaumont-sur-Oise, arrondissement de Pontoise, au diocèse de Beauvais ; ils y laissèrent une parcelle des

reliques de saint Lunaire ; on y fonda un
prieuré, une église qui portent le nom de
Saint-Lunaire.

Nul doute que c'est dans cette pérégrination que l'Abbaye de Boupart hérita
du manuscrit que nous allons analyser.

PRÉFACE

Dans ce pêle-mêle politico-religieux qui agita le commencement du ve siècle, comme celui qui caractérise la fin du xive, l'Eglise catholique, par ses missionnaires, imprima un rôle prépondérant sur le paganisme en Armorique, au pays curiosolite, comme dans le continent noir (Afrique), la vérité apparut au monde par le divin Crucifié. Jésus devança les armées par la connaissance de l'Evangile. C'était la civilisation chrétienne, la vraie.

L'histoire nous apprend qu'après la mort et la résurrection de Jésus-Christ, son Evangile se répandit dans le monde entier. Les peuples connus, alors errants, mutilés, abandonnèrent les vagues superstitions du paganisme et crurent au

Sauveur. N'était-il pas le Rédempteur, le Fils de Dieu fait homme, le Coéternel du Saint-Esprit ? La vérité, cette doctrine du Christ, pénétra jusque dans l'illustre province de Bretagne, par la force de cette parole tombée des lèvres du Sauveur, et recueillie par ses Apôtres : « Allez, enseignez toutes les nations ! » Et l'Eglise, sa fille, avance toujours, baptisant les peuples au nom du Père, du Fils et du Saint-Esprit.

Dans *Un joli coin du monde, c'est Dinard,* nous avons décrit une parcelle du territoire où aborda saint Lunaire. Qu'il nous soit permis de suivre pas à pas cet illustre compatriote, et j'emprunte à un très distingué écrivain de nos saints bretons, ce passage de Dom Lobineau : « Sainte Eglise de Bretagne, reviens aux « beaux jours de ton berceau ! En con- « templant ces merveilleuses caravanes « d'Apôtres insulaires qui nous arrivaient « en ce temps-là, portant la croix d'une « main, la pioche de l'autre, pour tra- « vailler à la régénération morale et civi-

« lisatrice de notre pays. A l'horizon, sur
« le littoral, on voyait chaque flot, poussé
« par une main invisible, chaque barque
« roulée par les vagues, jeter sur nos
« falaises, au pied de nos promontoires,
« les disciples du Christ, la foi débordant
« du cœur de ces apôtres, revenant en
« Armorique sur les mêmes nacelles qui
« portaient les pirates, les incendiaires
« de la Blanche Albion ! »

Quelle sublime admiration excite dans
les cœurs cette colonisation de l'Armorique par le Christianisme naissant ! A
peine échappés aux périls d'une mer per-
fide, aux poignards saxons, penchés sur
les montagnes de la Combrie et ballottés
par les vagues de la Manche, ces Apôtres
plantèrent la croix au fond des ravins,
sur le sommet des monticules, sancti-
fièrent les solitudes, répandirent sur ces
terres druidiques la semence de l'avenir,
la foi en Jésus-Christ, qui caractérise
notre vieux sol armoricain !

Et je dis : honneur à vous, saints et
apôtres du pays ! Et les générations chré-

tiennes et bretonnes surgirent des sillons
tracés dans les bois, dans les forêts, ame-
nées à Dieu par les luttes courageuses de
ces moines princiers! Ces moines, ces
prêtres, ces évêques et ces fidèles chassés
par les Allemands de leur pays, poussés,
poursuivis de plage en plage, nous indiquent le chemin vers l'éternelle patrie!

Inclinons nos fronts devant ces malheureux expulsés, dont les pieds ont ensan-
glanté les galets de nos rives, que leur
foi ardente dirige et qui, heureux de
travailler au salut de notre chère Bretagne, supportent avec joie les douleurs
physiques les plus cruelles.

Dans ces vibrations profondes qui, à
une heure donnée, déplacent les peuples,
comme de nos jours, nos Missionnaires
français, sous le fouet de la persécution,
s'en vont semer la foi et la civilisation
chrétienne en Afrique, en Asie, chez tous
les peuples! Bien aveugle celui qui ne
voit pas la main puissante du Souverain
Régulateur de l'humanité — Dieu!

Saint Lunaire était un des chefs de

ces hommes presque célestes. Placé sur le monticule de Saint-Lunaire, peut-être de la Garde-Guérin, il illumina le pays par sa foi. Avec son amour du travail, il dirigeait les laboureurs comme les feux du cap Fréhel éclairent les navires qui sillonnent nos rivages. Et ils étaient nombreux ces missionnaires : on retrouve saint Brandon à Cézembre, saint Malo sur le rocher d'Aron, saint Magloire à Cancale, saint Samson à Dol, saint Suliac dans la Rance, saint Colomban à Châteauneuf, saint Jacut dans la presqu'île de Landonad, saint Sieu à Lancieux, sur l'autre rive du Frémur, sur un promontoire qui porte le nom de Saint-Briac, devaient faire partie de l'émigration successive du Saint dont nous retraçons la vie. C'était saint Lunaire avec ses soixante-douze disciples arrivant à l'embouchure des deux fleuves, de la Rance et de l'Arguenon, vers le rocher de Nerput.

CHAPITRE PREMIER

Issu d'une illustre famille, saint Lunaire réunissait en lui le sang romain au
sang breton. Il était Curiosolite par sa
famille. Son père s'appelait Beteloc, nom
breton ; sa mère, connue dans l'histoire
sous le nom de sainte Pompée, Alma
Pompa, fille du roi Eusèbe, descendait
des Romains. L'enfant portait en latin le
nom de Leonorius — les Bretons prononçaient Louneuc, Lormel, Lunaire. Son
père Hoël, surnommé le Grand, était roi
de la Domnonée, l'ancien royaume Curiosolite.

Pour des raisons politiques, semblables
à celles dont nous sommes actuellement
témoins, Hoël et son épouse vaincus, se

retirent dans la cité d'Aleth ; puis, poussés, pourchassés par les Frisons, ils furent forcés de s'exiler. Tels aujourd'hui les descendants de saint Louis obligés d'habiter l'Angleterre.

Dieu sanctifia l'union des parents de notre saint, bénit leur exil. Ils eurent une nombreuse famille : sept enfants ; voici leurs noms : Jonas Hoël II, roi de la Domnonée et de Combrie ; Tugdual, évêque et fondateur de l'évêché de Tréguier, en Armorique ; Connemore, prince du Poher, Warakh, Makfau ; Lunaire, dont la naissance fut annoncée par un ange, *per Angelum revelatum quod nasciturus quem notum Leonarium nominarent;* une fille du nom de Seve dont le corps repose près du tombeau de sa mère dans l'église de Langoat, au diocèse de Saint-Brieuc ; elle est connue sous le nom de Bienheureuse !

C'est donc en exil, dans le pays de Galles, en Combrie, qu'est né saint Lunaire, vers l'an 509 de l'ère chrétienne. Ses premières années s'écoulèrent sous les yeux attentifs de ses pieux parents, entouré de tous leurs soins. Dès sa plus tendre enfance se développèrent en lui les précieuses qualités dont l'avait gratifié le Seigneur. Sa beauté physique, sa candeur, sa précoce intelligence le faisaient aimer et admirer de tous. Loin de tirer vanité de tous ces dons précieux, le père et la mère comprirent que leur fils était prédestiné, que les desseins de Dieu lui réservaient dans l'avenir une mission sainte, aussi prirent-ils, d'un commun accord, après son aveu spontané, la résolution de se séparer de lui, afin de donner par l'étude à son esprit sérieux les connaissances nécessaires au développement de ses grandes facultés naturelles.

L'heure du sacrifice a donc sonné ! Lunaire va partir, quitter son père, sa mère vénérée ! C'est un déchirement pour ces cœurs aimants, mais c'est une nécessité !

Je suis de mon temps, j'écris de mon époque, et j'affirme qu'il faut une volonté ferme, une énergie presque surhumaine pour dire adieu à ce toit paternel qui abrita votre enfance ! Dans ce siècle lointain, le cœur humain n'était-il pas comme aujourd'hui sensible aux joies et aux douleurs ? Oui, ils souffrirent, Hoël et sa digne compagne, la foi seule les consolait, et, fortifiés par cette foi vive, leur sacrifice fut fait généreusement.

L'enfant entra au collège dans un monastère, celui de saint Iltut, c'était la pépinière des hommes dévoués, des saints, des grands hommes. Saint Lunaire fut du nombre. Tamerlan, César, Louis XIV, Napoléon furent des grands hommes, des conquérants, ils avaient des armées ; saint Lunaire n'avait que son bréviaire, son chapelet. Il conquit à la foi, à Dieu, l'Armorique, le pays des Curiosolites, infestés par le druidisme et le polythéisme romain.

Ce collège était situé dans le voisinage du célèbre monastère de Lancarvan, en Combrie, canton de Glomargan, il jouissait d'une réputation bien méritée. Saint Iltut en était le proviseur. Par un talent particulier, une attitude remarquable, il avait fixé l'attention générale, car l'éducation donnée à la jeunesse était parfaite. Toutes les familles bretonnes, seigneurs et paysans, y envoyaient leurs enfants. C'est dans ce monastère-école que saint Lunaire fut placé et confié aux soins de cet homme illustre, Iltut.

Pour qui connaît les hommes illustres, on trouve dans ce monastère saint Samson, saint Paul-Aurélien, saint Gildas, saint Magloire. Si l'on connaît la bonté de l'arbre par ses fruits, il faut reconnaître la grandeur de l'institut de saint Iltut par les hommes remarquables qui en sortirent.

Au milieu de cet aréopage de saints, de grands hommes, le jeune Lunaire était appelé à tenir une place distinguée ; il ne fut ni le moins sage ni le moins intelligent. D'après son biographe, en sortant de la maison paternelle, il ne fut jamais enfant, ni dans sa conduite, ni dans ses mœurs. Il avait la prudence du vieillard, la maturité de l'homme fait et, réunissant à ces deux qualités la gaieté, l'amabilité de l'enfant. Quoique fils de prince breton, il était humble, soumis, obéissant à ses maîtres, recherché de ses condisciples ; son application à l'étude tenait du prodige, sa mémoire était à la hauteur de son intelligence.

A son entrée au collège, dès le premier jour, il apprit à connaître toutes les lettres de l'alphabet, le second, il savait les assembler et le troisième il possédait l'art de les écrire couramment ! Et quel âge avait-il ? *Cinq ans!* On pourrait crier au miracle ! Non ! c'est le résultat d'un enfant bien né, sérieusement éduqué par une famille chrétienne et confié à un professeur digne de ce nom.

Quelques années se passent et Lunaire grandit en âge, en vertus. Sa renommée franchit les murs du monastère. On parle de lui, on s'occupe de sa famille, cette réputation arriva jusqu'aux extrémités de la province. Et les peuples émerveillés venaient en foule des hameaux, de tous les coins de toutes les fermes voir, entendre le fils du prince.

Tous, pleins d'admiration et de leur générosité native, lui apportaient des présents, des offrandes ; lui, enfant, acceptait tout avec un mot de remerciement et la ferme résolution d'en faire une distribution équitable, vraiment chrétienne, à ses amis les pauvres, les veuves, les orphelins qui venaient au collège ! Lui vivait de la vie la plus austère ; sa passion dominante était la charité, les déshérités, son trésor !

Un tel désintéressement attira sur lui l'attention du maître, saint Iltut, le jeune Lunaire fut appelé, du consentement de ses parents et des peuples, à entrer dans les ordres sacrés. Il avait quinze ans, il prononça ses vœux. *Cumque XV annorum tempus haberet.*

CHAPITRE II

L'ORDINATION

L'entrée dans les ordres sacrés du jeune Lunaire ne fit qu'augmenter en lui l'amour du travail. On voit se dessiner chez lui le goût de la méditation ; ses merveilleuses études paraissent au grand jour. Le dévouement du fils de sainte Pompée, la charité du prince moine avaient subjugué la population du pays de Galles. La science extraordinaire du séminariste dans les saintes Ecritures émerveillait ses condisciples, plus encore ses maîtres ; tous, d'un commun accord, voulaient l'élever à la dignité épiscopale ; lui s'y refusait. Nous trouvons dans ce refus la simplicité merveilleuse, l'humilité aux prises avec la volonté du peuple et de ses amis.

Obsédé par les uns, poussé par les autres,
il dit : « Mes frères, mes amis, y pensez-
« vous. A mon âge ! Dans mon inexpé-
« rience, pouvez-vous m'imposer un tel
« fardeau, me causer un tel chagrin ?
« *Sarcinom* je suis indigne d'un tel hon-
« neur, incapable d'une telle charge ! »
Et l'assemblée de répondre : « La voix
« du peuple, c'est la volonté de Dieu.
« Quelle raison vous fait repousser cet
« honneur ? Nous vous en croyons digne».
— « Je crains de faire une faute, de com-
mettre un péché grave ». Alors le directeur de la conscience du jeune religieux
intervint en disant : « Je vous connais,
« votre âge, il est mûr, vous n'avez rien
« de l'enfance, ni de l'incapacité ! N'avez-
« vous pas l'esprit divin ? *Perfectus.* »
Et le peuple répond : « C'est la volonté
de Dieu ». Saint Lunaire gardait un si-
lence significatif ; rentré dans sa cellule
pour prier et méditer, prosterné aux pieds
d'un crucifix, il renouvelle son refus
devant Dieu et s'endort. Une voix se fait
entendre, il se réveille, écoute cette voix

qui lui dit : « Léonor, ami de Dieu, ne
« renoncez pas à ce que vous demande
« le peuple ». L'Esprit-Saint avait parlé.
Il avait entendu. Comme un autre saint
Paul sur le chemin de Damas, Lunaire
était terrassé, transformé, illuminé ; il se
rend au milieu de ses frères, fait sa
confession. Et le peuple, qui en a connaissance, s'écrie : «Nous vous rendons grâce,
« Dieu tout puissant, de nous accorder
« un tel pasteur, de nous donner un tel
« évêque, *ea nostra gente*. »

L'Ordination

Depuis son entrée dans la vie monastique, le jeune serviteur de Dieu avait
reçu tous les ordres sacrés. Saint Iltut,
près de sa fin, présenta Lunaire à saint
Dubrice, évêque de Coërléon, pour lui
succéder. Le saint prélat, partageant les
vœux du peuple, le désir des condisciples
de Lunaire, la demande de son maître
saint Iltut, fixa le jour de consécration
épiscopale du fils de sainte Pompée.

C'était un jeudi, fête de la Très Sainte Vierge.

L'archevêque Dubrice, accompagné de trois évêques, entra dans la cathédrale. Un peuple nombreux s'y pressait. Revêtu des ornements sacerdotaux, entouré de ses religieux, saint Dubrice commença la messe pontificale. Le récipiendaire est là, aux pieds de l'autel, priant. Un fait étrange, miraculeux, se passe. L'assistance est calme, recueillie, le célébrant prononce les paroles sacramentelles sur Lunaire prosterné. Tout à coup une colombe blanche apparaît dans le sanctuaire, descend tranquillement sur les épaules du jeune postulant. Au moment de la consécration, la colombe voltige au-dessus du calice et demeure là, paisible, au milieu des chants sacrés, puis disparaît. Plein d'admiration, saint Dubrice se retourne vers saint Lunaire, lui déclare qu'il fait partie de la milice du Christ ! Et l'archevêque de Coërléon rentre au monastère et le nouvel évêque dans sa cellule.

Et l'assistance qui se composait du

père, de la mère, des frères, de la sœur, des condisciples, de la population, se retire paisiblement, heureuse de voir l'un des siens consacré évêque.

Et lui, saint Lunaire, augmenté par la grâce, grandissant de jour en jour, montant comme par une échelle mystérieuse jusqu'au sommet de la hiérarchie.

CHAPITRE III

LA VOCATION APOSTOLIQUE DE SAINT LUNAIRE

Dans ses desseins impénétrables, Dieu dirigeait le jeune évêque pour devenir l'apôtre de l'Armorique. Cette vocation pour la régénération du pays Curiosolite lui fut suggérée par la lecture d'un passage du saint Evangile que lui fit son archidiacre. Un jour, pendant une visite pastorale, non loin de la Tamise, qu'il faisait pour le vieil archevêque saint Dubrice, il entendit ces mots : « Si vous « ne quittez votre père, votre mère, vos « frères, vos sœurs, votre patrie, vous « n'entrerez jamais dans le royaume des « cieux. »

Rentré au monastère, le jeune prélat pense, réfléchit ! Avec son âme grande, généreuse, il fut frappé des paroles qu'il avait entendues et chercha les moyens de les mettre en pratique en devenant le vrai disciple de Jésus-Christ. Au moment de s'endormir une voix intérieure lui dit : « Lunaire, vos pensées sont bonnes, met- « tez-les à exécution, hâtez-vous de tra- « verser les mers, allez là-bas, de nom- « breuses populations vous attendent. A « votre voix, elles sortiront du sentier « de l'idolâtrie, des ombres du paga- « nisme. » A cette voix intime, la desti- née du saint était fixée.

A cette époque, les pirates du nord Anglo-Saxons justes abondaient de pré- férence dans l'île de Bretagne, l'Angle- terre, et l'envahissaient le fer et l'incen- die à la main. Malgré la résistance des indi- gènes, il arrivait souvent que les tribus bre- tonnes prenaient la résolution de quitter leur pays pour venir chercher une paix relative en Armorique.

En homme intelligent et dévoué à cette population qui l'avait acclamé, saint Lunaire se mit à la tête du mouvement.

Cette population chrétienne voulait un pasteur sous la houlette duquel elle pût s'abriter. Comme ce qui arrive de nos jours, sous la persécution des Anglo-Saxons, les Irlandais n'émigrent de leur pays pour se rendre en Australie que sous la conduite de leurs pasteurs.

Alors, notre saint réunit ses religieux, leur fait part de sa mission et les invite à le suivre. Les uns acceptent, les autres refusent. La pensée de quitter leur patrie, la terre qui les a vus naître, leur répugne au premier abord. Tous, néanmoins, dans un sentiment de respect, de vénération pour leur directeur, obéissant à saint Lunaire, lui disent : « Seigneur et « maître, sous l'inspiration de Dieu, faites « ce qu'il convient, nous vous suivrons « dans quelque partie du monde où vous « nous conduirez ». La cause était gagnée !

[illegible]

CHAPITRE IV

A l'époque de l'Eglise naissante, en Angleterre, les disciples du saint furent nombreux : soixante-douze, autant qu'en avait le Divin Maître. Quelques amis, quelques serviteurs dévoués du prince breton le suivirent.

La cérémonie du départ fut imposante, comme celle de tous les Missionnaires du Christ. Dans la cathédrale, sur les marches de l'autel, Lunaire était au milieu, les soixante-douze disciples à ses côtés, la population, plus nombreuse, se tenait dans la nef. Tous, respectueusement, vinrent baiser les pieds des partants, sous la haute protection du vieil archevêque saint Dubrice qui les bénissait. Un mot d'adieu et Lunaire quitte le monastère où il avait passé de si heureux jours! Ceux qui restent versent des larmes.

Avec une détermination inflexible, Lunaire traverse la Combrie, arrive au bord de la mer, on ne connaît pas le port. Là se trouve une barque immense, navire à trois mâts, toute préparée pour un voyage au long-cours; trois officiers, sans compter l'équipage montaient ce navire. Les officiers, vêtus de blanc, étaient, l'un à la proue du navire, l'autre au milieu, sur la passerelle, le troisième à la barre; c'était le pilote.

En arrivant, le prince-évêque les salue en disant : « Que la paix soit avec vous, « mes frères! mes amis! » — « A toi Lu- « naire, soldat du Christ, à tes frères, à tes « amis, salut! Nous vous souhaitons la « bienvenue! Nous avons l'ordre de vous « conduire où vous voudrez. » Tout le monde s'incline à ces paroles. Lui, le chef de la caravane, était jeune. Il pouvait avoir, en l'an de grâce 509, de 25 à 30 ans. Il était évêque, il avait déjà exercé le ministère épiscopal dans l'archevêché de Coërléon ; quelques-uns de ses disciples avaient reçu la consécration de ses mains. Tout le monde était sur le pont du navire, chacun à sa place.

L'été finissait. Il était cinq ou six heures du soir, le coucher du soleil était magnifique, les teintes azurées du ciel semblaient refléter les rivages du pays d'Armor. La nuit était calme, le temps superbe, une brise fraîche gonflait les voiles du navire. Le capitaine donna ses ordres : « Tout est bien, dit-il, coupez les amarres « et larguez… » Les marins obéissent, courant de tribord à bâbord et le navire dérape.

Les religieux, disciples du saint, au front ras, vêtus de bure grise, tirent sur les cordages ; le timonier, à la voix du commandant, donne un coup de barre vers le sud-est, le navire prend le large, monte vers la haute mer. Sur l'arrière du navire, en habit monacal, saint Lunaire, portant sur la poitrine une croix de bois, regarde, regarde encore les rives de sa patrie, puis il entame l'*Ave Maris Stella*, tout le monde répond : *Dei Mater Alma.*

On est en route, le navire entre dans la *Mare Magnum spaciosum.* La mer est magnifique dans le détroit.

Dès l'aube, le lendemain, un autel portatif, meuble sacré indispensable du missionnaire, est dressé au milieu du navire. Saint Lunaire, revêtu des habits sacerdotaux, monte à l'autel et commence le Saint Sacrifice de la Messe, spectacle unique au monde. En effet, au-dessous de ce navire sont des profondeurs insondables, au-dessus des hauteurs incalculables, où saint Paul fut ravi, et d'où le Dieu trois fois saint descend sur la pierre sacrée à la voix, au commandement de saint Lunaire ; n'est-ce pas beau ? n'est-ce pas imposant ? C'est la réalité du Dieu fait Homme. Et les marins, au cœur grand comme les horizons qui les entourent, comprennent ces grandes choses.

Pendant le Saint Sacrifice, les religieux psalmodient les psaumes, chantent les

hymnes ! A ce chant mélodieux, les anges
au ciel, les poissons dans la mer, con-
templent ; les mouettes dans les airs vol-
tigent et poussent des cris plaintifs.
C'était l'avant-coureur d'une bourrasque
sur les flots de la Mer Britannique, aujourd'hui la Manche. Le navire emportant
les missionnaires voguait tranquillement !
Un jour, deux jours se passent dans la
joie, le bonheur. Dans cette course inconnue et paisible on arrivait au milieu
de la Manche. Le timonier tenait toujours la barre vers le sud-est. A l'impro-
viste, une bulle comme celle du savon
apparaît à la surface de la mer calme,
comme les molécules apparaissent sur les
mers équatoriales. C'est l'embryon d'un
cyclone.

Le vent soufflait du nord-ouest, les
nuages chargés d'électricité montaient à
l'horizon, s'accumulaient sur la mer en
mouvement. Soudain, vers dix heures
du soir, commence un orage épouvantable ;
le tonnerre gronde, les éclairs illuminent
les vagues. Dans le lointain, ces vagues

remontant du cap Fréhel, roulent en furie ! Quelques heures se passent. Vers
trois heures du matin (il y a de tout à
bord d'un navire), un coq se fait entendre.
Etait-il Gaulois ? Je l'ignore ! C'était
l'heure de la tourmente, le vent, sautant
dans cette direction, lance avec violence
sur la Manche la pluie, la tempête, et
la barque de saint Lunaire était affreuse-
ment ballottée. Tout le personnel du navire se croyant perdu, jette par dessus
bord les bagages, les provisions, *jactovi-
rerent pene omnia qua secum habebant in
mare*, même l'autel de saint Lunaire.
Inutile, la furie des vents croissait et
grandissait toujours, les lames se dres-
saient comme des murs contre le navire.
Un désastre était imminent ; sur le pont
du navire, dans un rouff, un homme en-
dormi avant la tempête sommeillait tranquillement. C'était saint Lunaire ! Par
respect, on s'était abstenu de l'éveiller.
Le danger croissant, la crainte devenant
mortelle, un cri monte vers lui de tous
les coins du navire : « Père, mon Père,

« priez pour nous ! Sauvez-nous ou nous
« sommes perdus !!! »

Saint Lunaire s'éveille, d'un regard il
comprenait le danger, il se lève... voyant
qu'on avait jeté son autel à la mer, il fut
contristé ; mais, confiant dans la miséricorde de Dieu, il fait le signe de la croix,
étend les bras vers le ciel et dit : « O
« Jésus-Christ, fils de la Vierge Marie,
« sauvez-nous, ne nous laissez pas périr
« au milieu des flots ».

Après l'intervention du saint, le vent
mollit, puis s'apaise. Les vagues tom-
baient, roulaient sur elles-mêmes en
douces ondulations aux applaudissements
de tous les passagers qui répétaient en
chœur : « Saint Lunaire, notre maître,
« est vraiment l'ami de Dieu, à qui tout,
« au ciel et sur la mer, obéit ! »

Comme par enchantement, le navire
reprend ses allures, et se dirige vers les
rivages inconnus, dans le sud.

Après la tempête, le calme ! le navire
ce monastère nautique, poussé par une
brise du nord sur les vagues ondulées de

la Manche, se dirigeait vers l'embouchure de la Rance et de l'Arguenon.

Sur le pont, le pilote, l'œil au bossoir, dirigeant ses regards vers l'horizon, voit poindre dans le lointain les rivages de l'Armorique qui se dessinaient avec leurs arêtes informes, représentant nettement la silhouette de la forêt de Cocklond.

CHAPITRE V

ENTRÉE DE SAINT LUNAIRE DANS LA
CRIQUE DU CREVELIN

« Saint - Malo , écrit Châteaubriant ,
« n'est qu'un rocher s'élevant autrefois
« dans un marais salant, il devint une
« mer par l'irruption de la mer qui, en
« 709, creusa le golfe et mit le Mont
« Saint-Michel au milieu des flots. »

Ce creusement du golfe par la marée
de 709 n'existait pas encore à l'arrivée
de saint Lunaire dans la première moitié
du VIe siècle, en 540. Le navire qui portait notre saint et ses disciples s'arrêta
non loin de Cézembre, vers les pierres
qu'on nomme encore les Portes, à la
jonction de la Rance et de l'Arguenon.

Quittant le navire et monté sur une
barque particulière, un des pilotes con

duisit saint Lunaire vers le promontoire
du Décollé. Ce rempart protège, contre les
vents de l'ouest, une jolie baie, centre
d'une grève douce où vient aboutir un
petit ruisseau : le Crevelin, dans lequel
la mer montait alors sans obstacle, jusqu'à Pontual, entre les grands arbres de
la forêt. A Pontual, il existe encore une
pierre où saint Lunaire attachait sa
barque ; c'est, je crois, une des bornes
limites que nous verrons plus loin.

A gauche de l'embouchure du Crevelin, c'était Cézembre, près des Pierres
des Jardins, la plaine qui conduisait au
rocher d'Aron était encore à peu près dé-
serte. Le petit fleuve la Rance qui prend
sa source dans les montagnes du Mené-
Bré, à Bel-Air, passait entre le rocher
d'Aron et la cité d'Aleth. Cette cité s'é-
levait sur son promontoire, entourée d'une
ceinture murale en appareil romain ; il
en existe encore un pan de plusieurs
mètres.

Sur la droite du bras de la Rance, vers
l'Arguenon, les émigrants missionnaires

contemplaient cette côte, découpée en festons capricieux, dont les arêtes formaient de hautes pointes de rochers, qui enserrent des baies tranquilles, bordées de sable jaune! Au-dessus de ces baies existait une forêt majestueuse couronnant celle de Coëkelonde. C'est dans cette baie de Crevelin que le pilote conduisit saint Lunaire.

En débarquant dans cet estuaire, il aperçut deux colombes, venant de la mer, tenant entre leurs pattes la pierre sacrée qu'elles déposèrent à ses pieds. Ces colombes, roucoulant, semblaient dire : Saint Lunaire, *porte-croix* du Christ, nous vous apportons votre autel! Réjouissez-vous, fortifiez vos frères dans la foi, parce que le Seigneur vous a accompagné jusqu'ici! Que vous sachiez, vous et tous les hommes, qu'un faux serment fait sur cet autel entraînerait, dans l'année, la mort du parjure. — On sait que, depuis cette époque jusqu'aux jours de la Révolution, les serments étaient prononcés sur les autels (p. 155.)

Alors saint Lunaire, avec ses disciples, prirent terre sur la pointe du littoral qui devait porter son nom. Il le porte encore : Saint-Lunaire.

Les pilotes et l'équipage retournèrent sur leur barque pour rejoindre le navire qui devait les reconduire à leur port d'attache. On ne les a plus jamais vus.

La première action du saint fut d'y planter une croix, d'ériger un autel, d'y placer dessus la pierre sacrée apportée par les colombes.

Le pays était sans culture, il paraissait sans ressources. Prosterné au pied de cette pierre sacrée qui portait aux quatre angles l'empreinte de la croix du Sauveur. Le saint la plaça dans une chapelle en ruines qu'il trouva à mi-côte, à l'ouest du Crevelin.

Dans le *Mouvement Terrestre*, M. de Chevremont écrit « qu'il y avait, non « loin de l'île Harbour, une chapelle dé-« diée à saint Antoine, le fondateur des « Cénobites du désert ; cette chapelle da-« tait du commencement du v° siècle.

« Rien d'étonnant que saint Lunaire ait
« rencontré ce sanctuaire abandonné. »

Dans cette masure, comme toujours,
l'Esprit Saint lui dit : « Lunaire, sou-
« viens-toi que le Seigneur a nourri
« pendant quarante ans le peuple hébreu
« dans le désert avec la manne tombant
« du ciel; et n'oublie pas que mon fils,
« non loin du lac de Tibériade, nourrit
« cinq mille personnes, sans compter les
« femmes et les enfants, avec cinq pains
« et deux poissons. Ici tout est favorable,
« la pleine mer et les ruisseaux dans les-
« quels les poissons abondent. Courage,
« en avant! L'avenir est à vous, con-
« fiance en celui qui vous conduit ».

A cette voix intime revenant d'en
haut, notre saint répond :

« Je vous rends grâces, ô mon Dieu,
« des faveurs que vous m'avez accordées
« jusqu'à ce jour, je supplie votre misé-
« ricorde de confirmer mes frères dans la
« foi, de les soutenir contre la misère
« dans cette contrée inconnue. »

L'historiographe de notre pays, M. Arthur de La Bordière, ajoute que pendant plusieurs mois, il fallut à saint Lunaire vivre de la chasse et de la pêche ; régime peu monastique, mais forcé. — Non, il n'y avait rien là de forcé. Saint Lunaire et ses 72 disciples suivaient la règle de saint Patrice, apôtre de l'Irlande et né en Armorique, d'après Thomas Mooëd. Ses disciples marchaient comme lui, les pieds nus, se nourrissaient de fruits sauvages et de pain d'orge. Le dimanche seulement ils se permettaient un peu de poisson, l'eau était leur unique boisson, ils couchaient sur l'écorce des arbres abattus par eux et placée dans des cabanes en bois, dont il reste encore un spécimen, dans le bois de Pontual : la Hutte du Sabotier.

Ce fut un rude labeur que cette installation ! Les religieux se levaient chaque nuit au chant du coq, célébraient matines et laudes, et dès l'aube, se rendaient au travail dans la forêt. Puis, à neuf heures, ils revenaient dans l'oratoire, où l'un d'eux, le saint habituellement, célébrait

les saints mystères. L'action de gârces
terminée, ils passent au réfectoire, où ils
prennent la dixième partie de leur nour-
riture pour la distribuer aux pauvres,
aux animaux de la terre, aux oiseaux du
ciel. Parmi eux, il n'y avait ni riches,
ni pauvres, tout était commun selon le
précepte du Sauveur. Le travail se pro-
longeait de jour en jour et la fatigue
devint telle que les religieux, perdant
courage, vinrent supplier leur maître
d'abandonner cette terre ingrate pour.
chercher une autre plage où il fut plus
facile de gagner sa vie. Saint Lunaire
demeura inflexible : « Mes frères, dit-il,
« ne continuez pas votre demande ! C'est
« une tentation du diable ! Prenez cou-
« rage et fortifiez-vous en Dieu ! »

Humiliés, confondus par cette réponse
du saint, les moines obéirent. Puis
rentrés ils se mettent en prières. Deux
seulement demeurent avec saint Lunaire
aux pieds de l'autel, pour veiller, prier
pendant la nuit et demander du secours
au Seigneur.

Le matin, quelque temps après, saint Lunaire devança ses frères au travail dans la forêt ; les religieux l'y suivirent. Quel ne fut pas leur étonnement, en trouvant le reste de la forêt abattu et renversé dans la mer, roulant les chênes au gré des vagues, comme des épaves sorties des estuaires de la Rance et de l'Arguenon ! Qui donc avait parachevé, pendant la nuit, l'œuvre si bien avancée des Cénobites ? C'est le secret de Dieu et la puissance de saint Lunaire !

Malgré ce secours extraordinaire venu du ciel, les religieux n'étaient pas au bout de leurs peines ; ce sol dégagé des arbres, des halliers et des ronces qui l'étouffaient et rendu à l'air, *Nil in eodem campo remansit*, il fallait le défricher, le labourer, le préparer à recevoir de la semence ! Et, où la trouver cette semence, dans un pays sans culture ? problème difficile à résoudre ! La divine Providence y pourvut. Voici comment.

CHAPITRE VI

LA SEMENCE DU FROMENT RETROUVÉE
PAR SAINT LUNAIRE

Un jour, inquiet, saint Lunaire priait
seul, un peu retiré au coin de la forêt,
lorsqu'un petit oiseau, un passereau,
vint se poser devant lui, sur une pierre :
il tenait au bec un épi de blé qu'il
déchirait avec ses pattes. A cette vue,
l'évêque fait un signe de croix et prononça ces paroles :

« Seigneur, Dieu tout-puissant, conduc-
« teur des pélerins, vous qui dirigez tout
« au monde, je vous bénis, je vous adore,
« je vous glorifie, fasse votre miséricorde
« que ce que je vois ici, dans cet oiseau,
« ne soit pas une mystification diabo-
« lique !... »

Cette prière terminée, le passereau s'envola, puis revint quelques instants après, tenant dans son bec un autre épi de blé, et se repose aux pieds de l'apôtre qui comprend le secours divin que lui apportait ce petit oiseau. Il appelle un de ses moines, lui ordonne de suivre le passereau et dit à celui-ci :

« Au nom de Jésus-Christ, mon maître « et le tien, conduis ce serviteur de Dieu « au lieu où tu as pris ces épis.» Il devait donc y avoir dans ce bois un endroit où le blé croissait encore! Quelle joie pour le saint!...

L'oiseau part, le religieux le suit, en demandant au Seigneur de lui indiquer la semence, et le passereau, sautant de branches en branches revenait au-devant du moine investigateur. D'un pas lent le religieux, d'un vol rapide l'oiseau arrivent à l'endroit où s'était conservé, en se ressemant lui-même, une touffe de froment. C'était une réserve, une pépinière, quelque chose de conservé par Dieu pour la culture du pays; dernier reste d'une culture disparue depuis le départ de la colonie romaine et l'invasion des barbares du Nord.

L'oiseau s'arrête, le blé est là, le moine fait une cueillette, elle était presque abondante. Il rentre au monastère. A cette vue, la communauté entière entonne un chant d'actions de grâces!

Dès le lendemain, saint Lunaire et ses religieux se rendent dans le champ avec la semence, la forêt était renversée, les arbres à la mer, mais la terre n'était pas prête pour recevoir la semence et pas de bêtes de traits, plus d'animaux domestiques; les religieux étaient forcés de faire tout de leurs mains; travail pénible, écrasant. Ils perdent de nouveau courage et résolurent de se sauver pendant la nuit et laisser le saint avec ses semailles. Dieu ne permit pas cet abandon; il fit connaître cette défaillance à l'évêque — saint Lunaire se rend auprès de ses religieux, les exhorte, les réconforte et va chercher un remède — là où il était, dans la forêt, où les animaux domestiques, les aides de l'homme étaient retournés et devenus sauvages.

Pendant la nuit, un ange lui avait dit : « Lunaire, sois robuste, *esto vir*, vos « larmes, vos prières ont obtenu de Dieu « ce que vous demandez. Il vous ordonne « de transporter dans le champ les jougs « et les instruments nécessaires au labour. » Heureux de cette pensée, le saint la raconte à ses frères, qui transportent dans la forêt les instruments aratoires fabriqués par eux. Le lendemain il sort après l'office et trouve dans le champ douze cerfs magnifiques qui l'attendaient — *duodecim cervos grandissimos stantes* — l'un était mort : A la vue des religieux, ces animaux n'éprouvèrent aucune crainte, comme s'ils avaient été domestiqués. Lunaire, heureux de trouver un tel auxiliaire pour labourer la forêt, fit couper en lanières la peau du cerf gisant à terre pour atteler les autres au joug. L'attelage complété, on commençait le travail lorsqu'on entendit la cloche du monastère qui appelait à la prière.

Dès l'aurore du lendemain, les religieux retournent au travail et trouvent de nouveau les cerfs attelés à la charrue pour transformer la terre en sillons. — Malgré ce renfort — avec ces nouveaux aides, il lui fallut plus de cinq semaines pour faire ses labours, tant cette terre était mal aisée à travailler — et chaque matin, les cerfs venaient deux à deux courber leurs ramées sous la charrue.

La terre labourée, ces animaux viennent tous réunis en un seul attelage devant le saint, le priant en quelque sorte de leur donner la liberté. Il les bénit en disant : « Allez en paix. » Et tous se dispersèrent dans la région.

Après la culture, les semailles. Saint Lunaire voulut les faire en partie de sa main, et priant jusqu'à la fin, il jeta les premiers grains, ses frères le secondent. Puis, viennent les vieillards et les jeunes gens de la contrée auxquels saint Lunaire veut montrer à semer le blé — n'est-il pas, ce blé, la semence de l'avenir — en ce pays ?

Quelle jolie légende ! s'esclafent les libres-penseurs-francs-maçons ! Oui, elle est jolie, mais aussi réelle ! Peut-on mettre en suspicion la parole de saint Lunaire ? Ne voit-on pas de nos jours, dans les récits des apôtres du Continent Noir et d'ailleurs, des faits aussi merveilleux que le champ labouré par les cerfs de saint Lunaire.

L'espérance et la vie commençaient par renaître au cœur des moines et de la population qui se groupait dans cette paroisse naissante. Tout le versant nord du Décollé allait se couvrir de moissons, et saint Lunaire donna l'ordre à ses religieux de les surveiller et de les mettre à l'abri des fauves et des volatiles de la forêt.

CHAPITRE VII

MINISTÈRE ACTIF DE SAINT LUNAIRE. — FONDATION DE LA PAROISSE DE SAINT-LORMEL.

Dans les intervalles de son ministère, l'évêque, en compagnie de quelques religieux, parcourait les principaux groupes de populations. Quelquefois, habillés en simples paysans, ils voyageaient pour propager de proche en proche la croyance chrétienne. Animés d'une foi inébranlable, armés d'un courage à toute épreuve, ils voulaient détruire jusqu'aux fonds des cabanes les derniers vestiges idolatriques, abolir le druidisme. Dans ce but, ils fondent et tiennent eux-mêmes des écoles, d'où sortaient les premiers clercs qui peuplaient le sanctuaire, dont quelques-uns rentraient dans le ministère paroissial. L'évêché d'Aleth fut l'un de ces premiers sanctuaires, dirigé sans aucun doute par saint Lunaire.

Le monde religieux d'alors était partagé en deux sections bien distinctes, bien tranchées : l'une, militante, accomplissait la révolution chrétienne consommée dans l'empire romain. L'autre s'empressait de jouir de la doctrine éclose au Calvaire, c'était la vie érémitique, monacale, fondée par saint Antoine.

Un certain temps après son installation, saint Lunaire, accompagné de quelques défricheurs de bois et de forêts, quitte son monastère. Remontant le petit fleuve et les plaines de l'Arguenon qui sont devenues mer, il visita saint Briac. Ce saint abbé était natif du diocèse de Combrie, il avait vécu sous la conduite de saint Tugdual, frère de saint Lunaire, il se retira plus avant dans la solitude afin d'y vivre en ermite et choisit pour sa demeure un lieu nommé *Penety,* ou lieu de pénitence de saint Briac. C'est là, dans cette baie de Saint-Briac que débouche le Fremur.

Après la visite de l'ermite, le saint franchit le fleuve, arrive à Lancieux où l'un de ses amis habitait en fondant une chrétienté. Puis, il visite Ploubalay portant le nom d'un des disciples du saint. On est porté à croire que Balay était un des religieux de saint Lunaire — on sait qu'en langue celtique *Plou* veut dire terre ou propriété. Un petit ruisseau, passant au-dessous de l'église actuelle, porte encore le nom de Balay. Les deux réunis font Ploubalay, où vivait un disciple de saint Lunaire. Trouve-t-on là l'origine et le fondateur de cette belle paroisse ? Un document manque pour l'établir d'une manière positive... Les recherches historiques ne sont pas encore terminées. Lunaire arrive à la presqu'île de Landouar, aujourd'hui Saint-Jacut. Le saint séjourna quelque temps au château du Guildo, siège passager du gouvernement de la Domnonée, dont le prince du Poher et frère du saint avait usurpé l'autorité.

Continuant son exploration, Lunaire arrive au confluent de la rivière de Montafilant et de l'Arguenon, à la pointe de Créhen. Il choisit pour résidence l'endroit qui s'appelle Saint-Lormel ou Lunaire. Il plante une croix, fonde un monastère, y laisse quelques moines en érigeant une chapelle en bois. Cette chapelle devint paroisse. Les religieux du saint y construisirent dans le courant du xe siècle une église en pierres dont il reste encore un portail roman primitif. Un peu à droite du chœur de cette ancienne église transformée en lieu de pèlerinage par le transfert de la paroisse en plus haut lieu, il existe un puits qui porte le nom de *Saint-Lunaire*. La source, grillée à la base, est à une profondeur de 20 à 25 pieds au-dessous du dallage du sanctuaire. Et d'après le témoignage de M. Salmon, recteur, et l'assurance du gardien du sanctuaire, journellement de nombreux pèlerins, particulièrement en juin et juillet, viennent prier à Saint-Lormel et puiser de l'eau à la source pour la guérison des yeux. L'eau de cette source est claire, limpide et non saumâtre, fait assez extraordinaire, puisque deux fois par jour la mer monte et descend près de ce puits au-dessus de son niveau. *Felix qui potuit rerum cognoscere causas.* C'est un secret que je livre aux savants géologues. Dieu le connaît, Lui !..

L'histoire, dont nous avons le texte sous les yeux, n'indique ni le temps, ni l'heure, ni la durée du séjour de saint Lunaire à Saint-Lormel, mais dans l'établissement de ce premier monastère, un fait s'impose à l'observateur, c'est qu'il cherchait à établir un centre de civilisation, une paroisse chrétienne, là, où les Romains avaient un centre d'autorité, de domination païenne. Les restes des monuments romains existant encore autour de cette chapelle en sont une preuve, la borne milliaire trouvée dans ces lieux l'indique clairement. Là, était un point stratégique de la puissance romaine au pays Curiosolite.

De retour dans son monastère de Pon-

tual, saint Lunaire trouva ses frères plus
disposés que jamais à suivre ses conseils.
Tous se rendirent à la chapelle pour re-
mercier Dieu du retour de l'évêque d'A-
leth. Ce titre d'évêque d'Aleth donné à
saint Lunaire est légitime, pensons-nous.
Le contraire n'est même pas admissible.
L'évêché d'Aleth, de création gallo-
romaine, existait avant son arrivée en la
Domnonée. Les *Civitates*, villes impor-
tantes des Gallo-Romains, étaient devenues des sièges épiscopaux. Et les quatre
églises mères des quatre diocèses de
Nantes, Vannes, Rennes et Aleth furent
toujours dédiées au prince des Apôtres.
Ce sont les seules cathédrales bretonnes
sous le vocable de saint Pierre. Et depuis
l'arrivée du prince-évêque, en 540, sur
le territoire d'Aleth, jusqu'à la nomina-
tion de saint Malo, à l'évêché d'Aleth, en
585, on retrouve Riocat, Adulmal et saint
Lunaire, nous affirme le P. Le Large,
auteur d'un mémoire intéressant. C'est
aussi le témoignage du P. Longueval,
de saint Luc, d'Argentré Ogée, Bizeul,

les abbés Deric et Manet. Pendant que saint Lunaire occupait le siège d'Aleth, j'ajoute qu'il ne fit de tournées épiscopales que dans le ressort de cet évêché ; telles qu'à Saint-Lormel, Saint-Launeu, à Lauscouët, à Talansac, la Chapelle-Blanche, Plouër, monastères ou paroisses dont nous racontons les fondations.

La cérémonie fut splendide ! Dieu avait béni la première excursion du fondateur de la paroisse de Saint-Lunaire. Un jour, deux jours se passèrent en réjouissances ! Puis, il visita les semailles, voulant surveiller diligemment les progrès de la culture, inspecter avec sollicitude l'état et la croissance des blés.

Un matin, avec trois de ses moines, il venait de faire une tournée dans les champs ensemencés, fatigué de sa course, il se reposait au bout d'un champ, appuyé sur un bâton. De son œil clairvoyant, il suivait, non sans ennui, les ravages faits par les taupes dans quelques sillons. Tout à coup, dans cette terre fraîchement remuée, ensemencée, il aperçut un point qui brillait ; intrigué, il s'approcha du point lumineux : c'était une statuette antique gallo-romaine en or massif représentant un bélier. Les taupes, creusant leur galerie, avaient mis à découvert ce curieux débris du luxe des Gallo-Romains, anciens habitants de ces lieux. Le morceau était d'importance, il valait au plus bas prix 3,000 solds d'argent ! Saint Lunaire, tout en le mettant en réserve, ne parut pas y attacher grand prix. Le moine désintéressé s'occupait surtout d'évangéliser la population en disant : « L'or est pour les rois et non pour les « moines ».

Il avait regret surtout du dommage fait dans son blé par les taupes, ces rongeurs à poil noir ; il y en a des blancs, nous en avons vu de ces rongeurs blancs sur la montagne de l'Ascension, à Jérusalem.

De proche en proche, grâce à l'initiative de saint Lunaire, tout le territoire compris dans la paroisse qui porte son nom, fut défriché, cultivé par la population indigène et les émigrants venus avec lui.

Ce défrichement n'était pas son but principal. Il avait en vue le Christianisme, la vie morale, la civilisation dont la croix du Christ, plantée par lui, était le phare, le symbole de ses visées.

Le temps marchait, les moissons jaunissaient, la maturité était arrivée. Il donna l'ordre de les rentrer dans des granges improvisées, puis de les battre. Le moyen était primitif, il nous en reste un spécimen dans ces fléaux à deux manches unis ensemble par des peaux d'anguilles.

Dieu avait récompensé son travail, la semence avait rapporté au centuple la première année, et rendit ensuite, bon an mal an, soixante fois la semence. Et les laboureurs de saint Lunaire pouvaient comprendre ce vers du poète :

O felices agricola si sua bona norint !

Heureux les agriculteurs s'ils comprenaient leur bonheur !

« Si la culture avait été oubliée avant

« l'arrivée du saint, la connaissance du
« vrai Dieu y avait déjà pénétré : saint
« Tugdual, frère aîné de Lunaire, était
« arrivé jusqu'à la Rance la croix à la
« main et y avait laissé quelques vagues
« souvenirs de la foi du Christ, en at-
« tendant le double apostolat des Samson
« et saint Malo. »

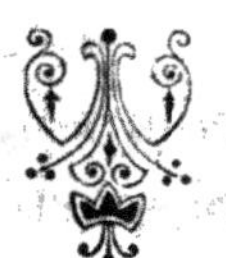

CHAPITRE VIII

De retour à Saint-Lunaire, les intérêts de la communauté de Pontual réglés, saint Lunaire reprend son bâton de pèlerin. Ses disciples avaient augmenté en nombre, quelques-uns le suivirent. En remontant le cours de la Rance, ils arrivent au Péhou, pointe avancée dans la rivière, en face la plaine de Mordreux : C'est le Chêne-Vert.

Tout indique, en ce lieu, un séjour prolongé de l'évêque défricheur. Il y a effectivement une petite baie qui porte son nom. Au fond de cette baie est un lavoir alimenté par une source qui vient du Péhou. Cette source porte le nom de Saint-Lunaire. C'est avec l'eau de cette fontaine qu'il rendit la vue à deux aveugles, en se rendant à Paris. Cette fontaine, ombragée par un saule-pleureur, recouverte d'une touffe de ronces et d'épines, était surmontée d'une chapelle primitive dont on voit encore l'emplacement. Un peu plus haut, dans la baie, existent encore quelques maisons qui portent le nom de Moinerie. Là est le passage de Mordreux. M. Richard, connu sous le nom de Lecteur, est le nautonnier du passage. Il nous montre, sur la berge envahie par la marée montante, la base du monastère fondé par saint Lunaire. On voit encore dans cette grève, sur un parcours de plusieurs mètres, le soubassement de ce monastère. Au-dessus, sur le versant de la colline, est le moulin des moines, puis le village de Saint-Lunaire. Nous avons retrouvé, dans ce village, chez M. Miniac, le bénitier de la chapelle primitive d'au-dessus de la fontaine. Il fut recueilli et emporté par la famille lors de la démolition de cette chapelle, pour construire celle de la maison des Vaux.

Il n'est pas interdit de penser que c'est près de ce modeste monastère, dans la chapelle de la Moinerie que prit naissance, non loin de la fontaine, la belle paroisse de Plouër, nom qui veut dire, en langage celtique : grand peuple.

A une certaine distance de la paroisse actuelle, on trouve une chapelle dédiée à saint Lunaire, bâtie en 1770 par M. de Séré, avec les matériaux de la chapelle de la Baie. Cette chapelle appartient à M. Convalesky, la propriété s'appelle *Les Vaux*.

Dans cette chapelle rendue au culte en 1806, on retrouve le buste de saint Lunaire, encadré dans une miniature en bois, du style de l'époque.

« Au dire de M. Oger, il y avait dans « le Péhou, près de la fontaine de saint « Lunaire, chaque année, une procession « religieuse, puis une assemblée, le trois « du mois d'août. On y débitait quatre « tonneaux de cidre, dans cette assem- « blée. »

Une digression en dehors de l'auteur :

Dans ma course d'investigations, je rencontrai dans le champ où se trouve la fontaine de saint Lunaire deux enfants. Ces enfants menaient boire leurs troupeaux à la fontaine du saint. Je leur demandai pourquoi ils profanaient ce lieu. « Dame ! puisque les gens y viennent en « si petit nombre, nous y menons boire nos « vaches, et, voyez, Monsieur le prêtre, « comme après avoir bu de l'eau de la fon- « taine elles courent *bien* ; et puis, elles « donnent de bon lait, mon gars. » — La vérité ne sort-elle pas de la bouche des enfants ?

Il existe, dans l'église actuelle de Plouër, une chapelle dédiée à saint Jean-Baptiste. Une statue de saint Lunaire en costume épiscopal est sur l'autel.

« Il y a à Plouër certaines chapelles. « La quatrième est celle de saint Lu- « naire, à la maison des Vaux, appar- « tenant à M. de Séré, distante d'une « demi-lieue de l'église. On y célèbre la « messe par autorisation de Mgr Cafarelli, « évêque de Saint-Brieuc, en 1802. On y

« donne des évangiles le jour de Saint-
« Lunaire. On y va quelquefois en pro-
« cession. Cette chapelle est située à un
« kilomètre du Chêne-Vert ».

> (Extrait par nous du registre de l'église
> de Plouër, et contresigné par M. F.
> Renault, recteur, le 21 novembre 1892.)

Cette station de Plouër étant fondée,
notre saint s'achemine vers son monastère
de Pontual.

CHAPITRE IX

En étudiant la vie d'un apôtre tel que saint Lunaire un fait frappe particulièrement l'observateur. C'est qu'il établit son action chrétienne, son influence civilisatrice dans les principaux centres du paganisme. D'abord à Saint-Lormel ; à peine remis de ses fatigues, il entreprend une excursion de plus longue haleine. L'établissement de Mordreux était situé entre deux voies romaines, l'une passant par Plouër, l'autre à la muraille de l'Œuvre, en Taden.

Il y avait à Caulnes, une station romaine, un sanctuaire druidique dans le bois de Coëtlan. Saint Lunaire se fixa aux confins du bois à la Chapelle-Blanche.

Son premier soin fut d'y planter une croix, d'y ériger une chapelle au vrai Dieu. Déployant son zèle habituel, il fit défricher une parcelle de cette forêt et apprit aux indigènes l'art de cultiver la terre et l'amour du travail.

Et depuis son passage en ces lieux, les générations se suivent d'âge en âge, et la foi semée par notre saint dans l'âme des ancêtres du vi^e siècle, est encore aussi vivace dans le cœur de la population actuelle que de son temps. Chaque année, à des jours déterminés, les gens du pays viennent au pied de la croix, et dans le sanctuaire trois fois renouvelé demander à Dieu par l'intercession du saint les faveurs et les grâces dont ils ont besoin ; leurs prières et leurs demandes terminées, ils se rendent à la fontaine boire l'eau salutaire.

On pourrait écrire un volume sur les faveurs demandées et obtenues à la Chapelle-Blanche. J'en résume quelques-unes elles me furent racontées le 3 juillet 1892, jour de la fête patronale.

Après une longue et magnifique procession à la fontaine du saint, nous sor-
tions de l'église. Une mère de famille me
présente son fils. « Cet enfant, me dit-elle,
« a retrouvé la vue à cette fontaine sur
« laquelle vous venez de nous raconter la
« vie de saint Lunaire. » Je lui demandai
son nom.

En traversant l'assemblée pour me
rendre au presbytère, une autre mère, de
petite taille, nous arrête et me dit : « Mon
« père, j'ai une petite fille qui a retrouvé
« la vue au pied de la croix de saint
« Lunaire, en revenant de boire de l'eau
« à la fontaine ». Nous lui demandons son
nom. Elle portait celui de Marie Mansard.
C'est en ce moment que me vint la pensée
d'écrire la vie de saint Lunaire.

Le 14 du mois suivant, je me rendis à
Caulnes, pour faire une enquête sur ces
faits miraculeux. Le 15 août j'étais dans
un village nommé le Champ-du-Chemin.
J'entre dans une maison qu'on appelle La
Poupinière, chez la veuve Mansard, digne
mère de famille. Je la prie de me donner

les détails de la guérison de sa fille. « Il
« vaut mieux que Marie vous la raconte
« elle-même. » Marie Mansard arrivant
de son travail m'écrivit la déclaration suivante :

« Dès mon enfance, ma vue était faible,
« il m'était impossible, en plein air, de
« voir la lumière. A l'école, chez les re-
« ligieuses de Caulnes, j'étudiais beau-
« coup et ma vue s'affaiblissait toujours.
« En 1888, j'obtins mon brevet élémen-
« taire signé à Saint-Brieuc, le voilà dans
« la croisée ! J'étais heureuse, mais j'a-
« vais perdu l'œil droit et je ne voyais
« plus à me conduire. Dans son déses-
« poir, ma mère fit un vœu à saint
« Lunaire, en me priant de le ratifier.
« En 1889, le jour de sa fête, nous nous
« rendîmes à la Chapelle-Blanche, d'abord
« à la fontaine, où je me lavai les yeux,
« puis dans l'église pour suivre la proces-
« sion. Le soir, en rentrant dans le *Champ-*
« *du-Chemin*, je voyais à me conduire.
« L'année suivante, je retournai à la fête,
« en rapportai une bouteille d'eau, tenez,

« la voilà ! Et depuis, je vois très bien à
« me conduire ; j'arrive de couper du blé ».

          « Signé : MARIE MANSARD.

       « *Maison Poupinière, à Caulnes.*

« 16 Août 1892. »

« Le même jour, à travers champs, je
« vais au village de Launay-Coiffile, sur
« la voie romaine de Corseul au Blavet,
« chez M. Régnier. Tout le monde se
« rendait au travail. La mère me recon-
« naissant me dit : « Voulez-vous voir
« mon fils guéri par saint Lunaire ? » Ils
« me racontèrent tous les deux qu'Ar-
« mand étant un jour avec d'autres en-
« fants, dans le chemin, son ami Joseph
« lui lança une motte de terre dans l'œil
« gauche ; le sang commença à couler,
« tombant sur la joue et coulant par la
« narine et l'oreille, signe indubitable
« que l'œil était crevé, il passa huit jours
« dans des souffrances atroces. Armand,
« lui dit sa mère, mets-toi à genoux, fais
« le signe de la croix, promets que nous
« irons à la Chapelle-Blanche prier saint

« Lunaire de te rendre ton œil. Ainsi fit
« l'enfant et les douleurs cessèrent. Le
« jour de la fête, ils se rendent à la cha-
« pelle, descendent à la fontaine, Armand
« boit de l'eau, emporte un flacon à Lau-
« nay-Coiffile. Le lendemain, en présence
« de plusieurs témoins, Armand boit de
« l'eau du flacon en s'écriant : Maman !
« je vois, saint Lunaire m'a guéri !

« Signé : ARMAND RÉGNIER et MARIE
« RÉGNIER, sa mère.

« Launay-Coiffile, en Caulnes,
    « le 16 Août 1892. »

« On raconte qu'un nommé Rouvrais,
« de Broons, s'étant moqué de saint
« Lunaire devint aveugle. En voici la
« raison : Un pèlerin appelé Ebolard,
« vint à la Chapelle-Blanche prier saint
« Lunaire de lui accorder une grâce par-
« ticulière. Chemin faisant, il rencontra
« Rouvrais, qui lui demanda où il allait.
« En pèlerinage, à la Chapelle-Blanche,
« prier saint Lunaire. — Eh bien, je vais
« aller avec toi, lui jouer un petit air de

« violon pour le distraire. Il entra dans
« l'église avec Ebolard. Pendant que
« celui-ci priait pieusement, Rouvrais
« fut instantanément frappé de cécité. Ce
« malheureux barde demeura dix ans
« privé de la vue. Enfin, touché par la
« grâce, plein de remords, Rouvrais vint
« à la Chapelle-Blanche invoquer saint
« Lunaire, fit dire une messe à son autel,
« et recouvra la vue. C'était au commen-
« cement de ce siècle, en pleine Révolu-
« tion ».

> (Extrait du registre de la paroisse de
> la Chapelle-Blanche, canton de
> Caulnes (Côtes-du-Nord).

Peut-on refuser équitablement d'accorder une croyance à un témoignage authentique, rendu par ceux mêmes en qui
les merveilles ont été opérées.

Nous, nous admettons ces miracles ap-
puyés de ces sortes de preuves.

CHAPITRE X

La station, ou la nouvelle chrétienté établie à la Chapelle-Blanche, le saint s'achemina vers le bois de Pontual. Rien à signaler que sa visite de Mordreux. Son monastère marchait lentement, comme toutes les œuvres de Dieu. Quittant Plouër, traversant Pleurtuit, il visite le bois et arrive au monastère.

Il y trouve une députation venant du roi de France. On le priait de se rendre à Paris. Il en fut assez étonné, lui qui se croyait oublié et inconnu en ce monde, particulièrement des têtes couronnées.

Il prie, il demande, il consulte ses frères, et réflexion faite il accepte l'invitation. De ce voyage il pouvait en résul-

ter un bien pour le pays, un intérêt pour
la paroisse, et une amélioration pour son
monastère. Dans cette pensée, il choisit
ses hommes pour l'accompagner, donna
des ordres pour un si long voyage, et pria
Dieu avec ses religieux pour demander et
obtenir un heureux résultat.

Nouveau miracle de saint Lunaire.

En sortant, tout était prêt pour le départ. Voulant jeter un coup d'œil sur le
domaine, il se rendit sur le point le plus
culminant du promontoire. Assis dans un
lieu retiré, il aperçoit quatre hommes venant à lui : trois étaient lépreux, le quatrième, plein de santé, annonça qu'il était
lépreux pour obtenir une aumône. A leur ap-
proche, il leur dit : Etes-vous tous lépreux ?
— Certainement, seigneur ! — Eh bien,
leur répondit-il, au nom de Notre-Seigneur
Jésus-Christ qui guérit dix lépreux, je le
prie d'accorder à chacun de vous ce qu'il
n'a pas. A cette demande du saint, les trois
lépreux furent guéris. Et le quatrième, se
disant faussement lépreux, le devint. Les

guéris tombèrent aux pieds de l'apôtre
rendant grâces à Dieu de leur guérison ;
puis, courant dans la contrée, ils annon-
cent la faveur qu'ils avaient obtenue par
la puissance de saint Lunaire.

Le malheureux, atteint de l'affreuse
maladie par son mensonge, reste auprès
du prélat, le priant de lui rendre la santé.
« En vérité, je vous le dis, je ne puis vous
« rendre la santé, que lorsque vous aurez
« visité les établissements de Bretagne où
« habitent mes frères, les serviteurs de
« Dieu, allez les voir, mon frère, et priez-
« les de vous rendre la santé. »

« In veritate dico tibi per me non re-
« cuperaberis sanitatem quousque gra-
« diens per totam Britanniam ubi fratres.
« Servi Jesu-Christi habitans. Perge et
« deprecare eos ut tibi sanitatem resti-
« tuant ».

En remontant la Rance

Ce miracle opéré, saint Lunaire quitte
enfin Pontual, passe la Rance, visite
l'évêché d'Aleth, dont il devait être

évêque, suit le cours de ce charmant petit fleuve qui prend sa source dans la montagne du Mené, à Bel-Air, où est coquettement assise la chapelle de Notre-Dame de Bretagne.

De la cité d'Aleth, le moine arrive à Saint-Suliac rencontre le saint abbé Suliac dont le successeur, M. l'abbé Saint-Per, porte encore le nom de Prieur, que portait le fondateur de cette paroisse.

Il part, repasse la Rance à l'île aux Moines, marchant dans la direction du sud, prêchant à chaque étape, et soulageant les misères qu'il rencontrait sur son passage. Arrivé dans la propriété du Chêne-Vert sur laquelle il existait une villa du nom de Moitruc *in illa quæ cognominatur Moitruc villa.* Deux aveugles étaient assis sur le rebord du chemin. Et leurs conducteurs s'étaient rendus à la villa demander ce qui leur était nécessaire.

Accompagné de son archidiacre, saint Lunaire arrive près d'eux, écoute leur conversation. L'un disait à l'autre : « Écoute, « mon frère, cette nuit j'ai fait un rêve,

« c'est que saint Lunaire dont les vertus
« et la sainteté sont si bien connues, doit
« passer aujourd'hui par l'endroit où
« nous sommes et nous adresser la pa-
« role. » Juste à ce moment le rêve devient réalité. Saint Lunaire, passe en
leur disant bonjour. Eux, sans l'avoir
jamais vu, ni entendu, reconnurent sa
voix.

Je passe la plume à M. de la Borderie
pour traduire cette conversation.

Ils le supplièrent de leur rendre la vue
en imposant sur leurs yeux l'huile consa-
crée par lui, et en invoquant le nom de
Jésus-Christ. « Mais, êtes-vous chrétiens? »
leur demanda-t-il. L'un et l'autre l'affir-
mèrent! Alors sur leurs instances, il demande à Dieu leur guérison.

Le premier sur lequel il impose les mains
recouvre la vue immédiatement sans
difficuté, quand au second, un seul de ses
yeux s'ouvrit à la lumière, l'autre resta
fermé. « Cela vient, dit le saint, que vous
« êtes un mauvais chrétien! Avouez votre
« faute, confessez-moi vos péchés.» — «Je

« ne suis encore que catéchumène, répond
« le borgne ; je n'ai pas encore été baptisé.»
En conséquence, saint Lunaire, toujours in-
dulgent, l'ayant donc interrogé, le baptisa,
et son second œil s'ouvrit. N'est-ce pas
dans cette guérison extraordinaire, dans
cette puissance de la prière du saint que
nous devons trouver l'origine de cette foi,
de la croyance en saint Lunaire, pour la
guérison des yeux. Il est encore invoqué
de nos jours avec une grande foi pour
toutes les affections de la vue.

CHAPITRE XI

SAINT LUNAIRE ET CHILDEBERT. — ENTRÉE
DE SAINT LUNAIRE A LA COUR DE CHIL-
DEBERT, ROI DE FRANCE, SEIGNEUR DE
BRETAGNE.

Après un long et pénible voyage de
Bretagne à Paris, saint Lunaire était aux
portes de la capitale, accompagné de
son archidiacre, de ses serviteurs et de
l'un des aveugles qu'il avait guéris à
Mordreux.

Arrivé au palais royal, il trouve deux
hommes : l'un, paralytique, versait des
larmes ; un autre, jeune, s'amusait du
paralytique, *alterum juvenem ex armi
reges ridentem.*

Saint Lunaire s'avance vers le paralytique et lui demande : « Pourquoi, pleu-
« rez-vous, mon frère? » — « Je pleure,
« parce que cet insolent jeune homme

« m'a enlevé les béquilles avec lesquelles
« je marchais ! » Saint Lunaire se retournant vers le page, lui dit : « Je vous en
« conjure, rendez les jambes à ce paraly-
« tique. » Insolent comme un page, le
jeune homme se montra ce qu'il était.
Mal lui en prit. Saint Lunaire prend trois
hommes de sa suite, leur dit de rendre au
paralytique ses béquilles. Le page refuse.
Alors le saint élevant la voix lui com-
mande d'obéir. « Qu'y a-t-il entre vous
« et moi, lui répond le page, faites ce
« que vous voudrez. Pour moi, je ne
« les rendrai pas. » Irrité de tant d'in-
solence, saint Lunaire s'avance vers le
paralytique et lui dit : « Au nom de Jé-
« sus, mon maître, lève-toi et marche ! »
Le malheureux se lève et marche en présence de tout le monde émerveillé. Saint
Lunaire se retournant vers le page *su-
perbus* ajoute : « Que ces béquilles que
« tu tiens en mains te deviennent néces-
« saires, obligatoires ! » A cette invoca-
tion, le jeune page s'affaisse, tombe par
terre et devient paralytique.

Entrée à la cour

Ces faits étant parvenus à la cour, Childebert, ému de ce récit, va, accompagné de la reine, trouver le saint. Prosternés devant le représentant de Dieu, ils le saluèrent ! Debout, le prince de l'Eglise et le roi de France s'embrassent ! Après cette congratulation d'usage, le roi Childebert conduisit le moine-évêque au palais. Avant de se quitter, le roi pria saint Lunaire de célébrer la Sainte Messe dans la chapelle des *Tuileries d'alors.* Le lendemain la cérémonie eut lieu en présence de la famille royale. C'était imposant. En présence de Dieu, la Bretagne et la France étaient réunies aux pieds des autels. C'était le premier pacte ! L'Eglise, la France en son roi, et la Bretagne en son saint conclurent une adhésion définitive, un rêve de cette cordialité chrétienne.

Les parents, les amis du nouveau paralytique, à la porte du palais, voulaient tuer saint Lunaire. Dans l'impossibilité

de perpétrer le crime, ils eurent recours
à la ruse. Un parent du paralytique ser-
vait à la cour du roi Childebert. Avec
lui, trois hommes apportèrent dans la
chambre du moine-évêque une boisson
empoisonnée ; ils lui présentèrent une
coupe contenant le breuvage infernal. A
cette vue, saint Lunaire leur répond :
« Je suis fatigué, je n'ai besoin de rien.
« Inutile ! » De nouveau, on lui présente
la coupe ! Inspiré de Dieu, le saint l'accepte et fait le signe de la croix, la coupe
se brise en quatre morceaux. Grande
stupéfaction !

Le lendemain de cette scène, on in-
forma le roi de l'outrage fait au saint ;
Childebert, avec la reine, vinrent le
trouver dans la chapelle où il priait avec
les moines épouvantés du complot. Le
roi, la reine, étaient attérés. La réponse
de saint Lunaire fut empreinte de sa
douceur habituelle : « Ne faites rien, ces
« misérables ne savent pas ce qu'ils font ! »
Calmé par la prière du saint, le roi ne
donna pas suite à la tentative d'homicide.

Quelques jours s'écoulèrent, le roi Childebert, témoin de ce qui s'était passé au dehors du palais et plein de respect pour la vertu du saint lui dit : « De-« mandez tout ce que vous voudrez, je « vous le donnerai ». Lui, Lunaire, ne voulait rien.

Le roi admirant sa vertu et suivant d'ailleurs l'usage des Mérovingiens, lui envoya les plus riches présents : Or et argent à foison. « Je vous remercie, mon « roi, dit le moine breton, je ne veux « rien de tout cela ; c'est moi, au con-« traire, qui vous apporte de l'or ! » C'est alors qu'il lui remet le précieux bélier en or trouvé dans un champ du Décollé. Et ce bijou Gallo-Romain fut estimé, par l'orfèvre du roi, trois mille soldes d'argent, somme énorme à cette époque. Childebert, en compagnie de la reine, demanda au moine ce qu'il pourrait lui offrir. « Tout ce que je vous demande, « reprit l'évêque, c'est de me donner en « terre le prix du bijou ! »

Le roi lui donna de suite en don et

propriété incommutable tout le territoire
défriché par lui autour de son monastère
et il ajouta : Lunaire, pour le salut de
« mon âme, celle de mon épouse et celles
« de mes enfants, je te donne une par-
« celle de mon territoire. Quand tu seras
« chez toi, va sur le point le plus culmi-
« nant de ce territoire et sonne ta cloche ! »
Ce point, le plus élevé aujourd'hui est un
moulin à vent. Là, il sonna sa cloche.
« Aussi loin qu'on l'entendra, la terre
« sera tienne ! » Le saint accepta cette
donation.

Les adieux, les souhaits d'usage ter-
minés et les préparatifs de départ accom-
plis, saint Lunaire et ses frères se mirent
en route.

Sur son passage, en franchissant l'en-
ceinte de la capitale, les parents, les
amis du page insolent, orgueilleux, devenu paralytique, vinrent trouver le saint.
Pleins de déférence, d'obséquiosité, chargés de présents, les offrent au moine
breton le suppliant de rendre au paralytique l'usage de ses jambes.

« Gardez vos présents répond-il, Dieu
« n'accepte en présents que la pénitence !
« Que le jeune homme qui a refusé toutes
« les demandes, les sollicitations de rendre
« au pauvre paralytique ses béquilles sache
« et comprenne que Dieu résiste aux su-
« perbes et fait grâce aux humbles. » Le
page, accompagné de ses parents, de ses
amis, suivit saint Lunaire en Bretagne et
à force d'instances, de prières, il recouvra
son ancienne santé.

CHAPITRE XII

La joie y fut grande à l'arrivée du saint fondateur, mille actions de grâces furent rendues au ciel! La communauté prospérait, les religieux grandissaient en nombre. Dieu bénissait les efforts du saint dans la contrée.

Quand Lenor fut de retour dans sa retraite, il passait ses jours au travail, les nuits en prières. Vivant moins en homme qu'en ange, il édifiait par sa conduite, et animait par ses exhortations toute la communauté.

Un beau jour, accompagné de tous les gens de la maison, saint Lunaire monte sur le point le plus élevé du terrain en

culture, agite la cloche du monastère dont
le son devait fixer les limites de la paroisse.

Il y a dans le manuscrit un mot qui
demande explication, le voilà : *Quatit
plectro evolat sonus in circuitu equali
modo a quatuor miliaribus.* Cette cloche
n'était qu'un timbre qu'on frappait exté-
rieurement avec un marteau. C'est la
cloche primitive qui existe encore. Nous
en avons vu et entendu une semblable,
qui se trouve à la porte de la basilique
de Saint-André, à Jérusalem.

Le son du timbre se fit entendre à
quatre milles du centre où se trouvait
saint Lunaire, et la configuration de la
paroisse était en ce temps-là d'une exactitude complète. On doit, pour le comprendre,
tenir compte de l'envahissement de la mer,
qui eut lieu après la mort de saint Lunaire;
et du point où sonnait la cloche à la rivière
de Rance, aux Pierres des Jardins, il y
avait quatre milles. Il est bon de noter
que de Dinard on passait à Cézembre à
pied et à cheval. Ce détail annoncé dans

la conquête de Charlemagne a plusieurs fois attiré l'attention ; on y a vu un témoignage historique du changement de cette côte. Le bras de mer qui sépare Cézembre du continent, n'est au moment de la marée qu'un simple courant guéable. Il n'en est plus ainsi aujourd'hui. L'examen des lieux prouve qu'en tout cas, l'écrivain a mis dans son récit de la vraisemblance, peu s'en faut, qu'il ne soit possible même de nos jours, d'arriver dans les marées d'équinoxe de la terre de Dinard au chenal de la grande porte, qui seule sépare des grèves de Cézembre (*La Conquête de la Bretagne par Charlemagne*, XIIᵉ siècle, page 149, Aquin).

Pour rendre ces limites définitives, incommutables, le saint planta, de distance en distance, les bornes qui subsistent encore aujourd'hui et que l'on appelait Perrons. « C'est-à-dire, écrivait en 1689 « le recteur de Saint-Lunaire, grosses et « hautes pierres qui déterminent la pa- « roisse des circonvoisines : Pleurtuit, « Saint-Briac, Saint-Enogat même, il y

« en a une du côté de Saint-Briac, élevée
« de deux à trois pieds, large d'un pied,
« au bas de laquelle est un rond en terre
« de trois quarts de pied de diamètre, où
« l'on n'a jamais vu herbe, parce que le
« saint a célébré sur cette pierre, c'était
« le lieu où il faisait la génuflexion ».

Le manuscrit que nous avons là, rapporte que plusieurs personnes qui avaient entendu le son de la cloche, refusèrent de l'avouer. De là, litige, contestations : d'un côté le droit, de l'autre la fourberie ! Il fallait un arbitre... Dieu l'envoya à saint Lunaire !

Pendant sa méditation l'homme de Dieu, l'apôtre du pays, vit, sous la forme d'une pensée, un ange qui lui dit :

« Lunaire, en compagnie de tes frères,
« va, parle, réunis toute la popula-
« tion, rends-toi dans ce lieu, aux confins
« de la paroisse. Là, tu trouveras une
« grande pierre — *grandissimus lapis* —
« dis à cette pierre : Au nom de Jésus-
« Christ, je t'ordonne de marcher en
« indiquant les limites, ne prenant rien,

« ne transigeant avec personne du terri-
« toire assigné par le son du timbre . »

Accompagné par ses religieux, suivi
d'une foule nombreuse, saint Lunaire descend au bord de la Rance, et trouve la *grandissimus lapis*. — Là, il fait une prière et
dit au peuple de prier avec lui. Puis, saint
Lunaire prend sa tunique et la pose sur le
sommet de la pierre et dit au peuple :
« Venez, venez et voyez-les, les terres indi-
« quées pour la paroisse jusqu'à la fin des
« siècles ! » On répondit : « C'est bien ! »
La grande pierre se dresse, comme par enchantement, c'était la première borne sur la
limite. Cette borne a été détruite, ou sub-
mergée depuis, par la marée d'équinoxe, le
24 octobre 709. Elle fut terrible cette marée !

Aussitôt, une autre borne partit devant
saint Lunaire, on la place au milieu de
la forêt de Pontual.

Dans le percement de la voie qui part
de la route nationale de Saint-Malo à
Quibéron pour arriver à Saint-Lunaire,
on a déplacé la borne en question ; nous
la décrirons plus loin.

Celle-là posée, une autre pierre marche
sur la terre, plane par les vallons, les
prairies, les villas et l'on retrouve une
borne qu'on appelle la pierre de saint Lunaire, où il attachait sa barque lorsque
la mer remontait jusqu'au petit sanctuaire de Pontual. De là, on retourne
avec une autre borne marchant ou étant
portée jusqu'au terrain labouré, cultivé
à la jonction des paroisses de Saint-
Briac et de Pleurtuit. — L'endroit se
nomme Perron. Je l'ai visitée cette borne,
je n'étais pas seul, nous étions six. Elle
est placée au bord de la route ; sa forme
est celle d'un Prie-Dieu, mesurant un
mètre de hauteur sur un mètre en trans-
versale à la base. Au sommet, sur l'ac-
coudoir, on y remarque sept trous parfaite-
ment imprimés, gravés à une profondeur
de quelques millimètres. En cherchant la
signification de ces impressions, j'estime
qu'elles doivent indiquer les sept sacre-
ments, ou les sept fils de sainte Pompée, la
mère de saint Lunaire. Je laisse à de plus
érudits l'explication de ces caractères !

Descendant en ligne directe, le saint arrive à la jonction de la route qui allait de Saint-Enogat à Saint-Lunaire, un peu au-dessus du Port-Blanc. A gauche il y a un grand village ; une partie porte le nom de la Fourberie ; l'autre, celui de la Confiance ; c'est à peu près là la limite. Jolie antithèse de ceux qui avaient entendu la cloche et de ceux qui avaient entendu et nié. C'est la Fourberie ; j'estime que c'est de la porte du Perron ou limite de la paroisse de Saint-Lunaire. Ce lieu fut illustré plus tard par un célèbre corsaire du temps de la Bourdonnais.

Au Perron, extrême limite de Saint-Lunaire à Pleurtuit, est une case couverte en chaume, dans laquelle habite une famille intéressante ; il y a là une quantité d'enfants, vrais chérubins ! Dieu les protège ! Avec les faibles revenus du père, ils sont loin d'être dans l'opulence, mais ils ont la foi et conservent les principes de saint Lunaire. De temps à autre, le dimanche, vers neuf heures, une grande dame de Dinard fait une visite, elle demande à

la mère de ne pas conduire ses enfants à
l'église de Pleurtuit, elle n'est pas
française cette dame ; elle défend que les
habits qu'elle a donnés servent aux
enfants pour se rendre à l'église. La
mère refuse les dons, elle veut rester
chrétienne et catholique. Un peu désap-
pointée, la dame remonte en carrosse et
vient à onze heures assister au divin office dans le temple abrité par les Cèdres.

Voilà la liberté de conscience, système
de Benoît-Lévy, juif et président de la
Cour d'appel de Paris.

Lui, ne veut pas que ses Frères ∴ se
marient à l'Eglise catholique et les invite
pour son mariage à la synagogue, Qu'ils
soient juifs ou protestants-judaïsants, ils
veulent que les Catholiques rentrent dans
un nouveau Getho — et le Christ sur la
croix !

Ce n'est plus l'enseignement de saint
Lunaire, revenant au pays de ses aïeux,
de la Grande-Bretagne.

Les bornes placées, saint Lunaire
rentre dans son monastère. C'est ici que

nous allons voir à nouveau le zèle de saint Lunaire.

Si l'on est tenté de ne pas ajouter foi aux miracles opérés par le saint, un fait matériel est là, indiscutable, la délimitation de la paroisse et les bornes ou perrons élevés par lui, sont, après quatorze siècles, à peu près tous debout. En acceptant ce fait de saint Lunaire et raconté par lui, pourquoi ne pas admettre ses miracles ?

Le manuscrit rapporte que plusieurs de ceux qui avaient entendu la cloche refusèrent de l'avouer. Epris d'un sentiment de compassion, il réunit toute la population et leur dit :

— Que ceux qui ont entendu la cloche et la nient, deviennent pauvres au milieu des leurs, leur terre stérile. — Le mensonge n'est jamais permis.

Les uns persistent dans la mauvaise foi, et leur terre ne produisit que ronces et épines. Ces usurpateurs tombèrent dans la misère et les autres qui avaient avoué la vérité, trouvèrent l'abondance par de fructueuses récoltes. Ceux qui avaient été déçus dans l'espérance d'usurpation, voulurent mettre à mort saint Lunaire. La partie saine de la population y mit obstacle en montant la garde jour et nuit autour du monastère...

Les rebelles, pris d'une salutaire frayeur vinrent trouver saint Lunaire et lui dirent : « Maître, nous sommes coupables, crimi- « nels, menteurs, et nous avons prémédité « votre mort. Pardonnez, ou la malédic- « tion retombera sur nous et nos enfants. » Versé dans la science des Saintes-Ecritures, saint Lunaire se souvient de ces paroles :

« Si vous n'oubliez pas les fautes des « hommes, mon Père n'oubliera pas vos « péchés, comme Il le dit dans l'Oraison « dominicale : Pardonnez nos offenses, « comme nous les pardonnons à ceux « qui nous ont offensé. »

Le saint s'incline et les gens de Saint-Briac et de Saint-Lunaire, poussés par la nécessité, se conforment au son du tim-

bre de leur bienfaiteur. « Allez, croissez,
« grandissez, mes amis. Votre terre vous
« rapportera dans un an, ce que vous avez
« perdu en trois. »

Ainsi enseignait l'apôtre la justice et
l'équité aux générations qui l'avaient
oublié par l'enseignement du polythéisme romain.

CHAPITRE XIII

LES « EPISCOPI ERRANTES ». — L'ÉVÊQUE MISSIONNAIRE. — SAINT LAUNEUC OU LUNAIRE.

Les limites de la paroisse définitivement fixées, les contestations terminées, tout était rentré dans l'ordre. Saint Lunaire savourait un peu de repos dans la prière et la méditation ; mais il se faisait vieux. Il reprend néanmoins ses visites pastorales.

Du Décollé il va à Saint-Lormel. Après quelques jours d'édification au milieu de ses frères, il revient à Mordreux, il trouve la paroisse naissante prospère, et s'achemine vers la Chapelle-Blanche.

Continuant sa course apostolique, il remonte la Rance à Saint-Jouan-de-l'Ille et arrive avec beaucoup de difficultés à l'endroit où s'élève aujourd'hui le pont de *Qui qu'en grogne, sur la Rance,* dans la forêt de la Hardouinais à Saint-Launeuc. C'est là que la rivière du Meu prend sa source.

Il fonde un nouveau monastère, ou paroisse, qui est la plus ancienne de la contrée. Elle est située un peu au-dessus du château de la Hardouinais où se passa le dernier drame de Gilles de Bretagne.

Le souvenir de saint Lunaire, les commencements de ce centre catholique, sont encore vivaces dans ce pays. La fête du Patron, le trois juillet, est splendide, nous en avons été témoin, et notre admiration pour saint Lunaire ne fit qu'augmenter. Il y a une fontaine de saint Lunaire, près de l'église, où l'on vient encore puiser de l'eau pour la guérison des yeux,

Dans cette paroisse, comme dans celles fondées par saint Lunaire, on avait maladroitement mutilé les derniers monuments de l'époque romaine. Les premières églises étaient en bois, montées sur un mètre cinquante de maçonnerie en ciment romain indestructible.

A l'époque de l'invasion normande, toutes ces églises, tous les monastères de saint Lunaire furent détruits, incendiés.

Après la terreur de l'an mil, date assignée à la fin du monde par la croyance générale, il y eut dans toutes les branches de l'activité humaine une reprise générale, un nouvel élan, une véritable renaissance.

En politique, cette renaissance produisit les croisades; en littérature, les chansons de gestes; dans les sciences, la scolastique; dans les arts, l'architecture religieuse du moyen-âge.

Au XI° siècle, les disciples de saint Lunaire relèvent les églises, les monastères, mais en pierres. Les écrivains de l'époque expriment leur admiration à la vue de ces blanches églises qui sortaient de terre et paraient les forêts comme une mousse éclatante; cette comparaison est due à un chroniqueur du temps.

Les petites paroisses se firent un point

d'honneur d'avoir leur église solidement
construite en pierres et bien ornées. Les
églises des paroisses rurales furent l'œuvre
des anciens colons de saint Lunaire. On
en retrouve des traces partout. Les habitants de ces paroisses durent s'imposer,
pour les construire, les plus rudes efforts,
sans compter les sacrifices en argent, en
journées. Nous connaissons quatre de ces
églises, bâties par les descendants religieux
de notre saint. En voici les noms : dans
le diocèse de Rennes existe encore une
de ces églises en pierres construite après
l'an mil dans des conditions intéressantes
pour l'art et pour la foi. C'est l'église de
la paroisse de Saint-Lunaire, aujourd'hui
tombant en ruines ; daus le diocèse de
Saint-Brieuc : la seconde est celle de Saint-
Lormel, la troisième, la Chapelle-Blanche ;
la quatrième, Saint-Launeuc.

La construction, principalement les
portails de ces différentes églises, sont
l'émanation de la même pensée, l'œuvre
d'un architecte, fils de saint Lunaire.
L'œil exercé à cette foi du saint, à ces

conceptions, ne peut s'y tromper. En plus des églises citées, il y a, à Saint-Launeuc, dans l'angle du côté de l'Évangile, un véritable chef-d'œuvre d'architecture : c'est le *Ciborium*. Je l'indique. Il faudrait un peintre habile, un architecte extraordinaire, un photographe hors ligne pour le faire passer à la postérité. Je n'ai pas les qualités voulues pour en décrire la physionomie.

Saint Lunaire, ayant jeté les bases de cette paroisse, fonde son petit monastère, descend la rivière du Meu et, à travers bois, il arrive au Lauscoët ; là est un charmant lac, une petite mer intérieure ; un steamer pourrait s'y mouvoir à l'aise ; on dirait les lacs amers du canal de Suez, si ce n'était de l'eau douce.

CHAPITRE XIV

LE LAUSCOET DONT SAINT LUNAIRE EST PATRON

Un jour je me rendis dans cette paroisse ; cinq lieues à pied n'est pas facile ! En traversant les bois, les sentiers, la forêt, je rencontrai de braves gens qui me mirent sur cette route inconnue. Un de ces braves gens me dit : « Saint Lu« naire est le patron de notre paroisse. « La fête patronale est splendide. On se « rend à la fontaine. Nous avons pour « recteur M. Rebours. Je vais vous con« duire à la fontaine de Saint-Lunaire, « elle est sur le Meu, au bas de l'étang. » Il me montra l'endroit de la source. J'arrive au presbytère, on m'assura l'existence de la fontaine.

Le lendemain, à cinq heures, je me rendis sur les lieux ; là, je rencontrai une religieuse au bord de la fontaine, véritable vision, en octobre, à cette heure matinale. Me rappelant les paroles de saint Lunaire dans une autre circonstance, je lui demandai si elle était là de la part du bon Dieu ou du diable ? « Non, je suis à « garder des places au lavoir où coule « l'eau de saint Lunaire ; là, passe le « Meu, ici coule l'eau de la fontaine. Et « quand nous lavons ici, le linge est plus « blanc. Je garde les places ». Cette bonne religieuse me conduisit à la fontaine, elle est sous un pont que traverse le Meu. Elle me la montra et me dit : « Il y a quelques années, on a construit « ce pont sur la fontaine ; par respect « pour saint Lunaire on fit couler l'eau « dans cette piscine pratiquée par M. l'Ar- « chitecte. Et l'eau ne suivit pas son « cours. Elle traversa la culée du pont et « vint creuser dans ce roc, un vrai « silex, la fontaine que vous voyez, « quand le Meu ne déborde pas ». Cette narration est de la plus grande exactitude.

Tous les ans, à la fête patronale de notre saint, il y a une foule considérable, on vient en procession à la fontaine, prier saint Lunaire que vous voyez posé dans la coulée du pont, on y apporte une statue de saint Lunaire ciselée, voilà trois siècles, par un charpentier qui n'avait jamais quitté les bords du lac d'eau douce du Meu. Une inspiration a fait à ce paysan reproduire exactement la statue du tombeau du saint. Nous avons pu constater l'exactitude du saint qui se trouve dans une maison voisine et soigneusement encadré sur la cheminée.

Voici la légende de saint Lunaire arrivant sur les bords de cette petite mer intérieure :

« Il rencontra un pauvre aveugle de
« naissance qui lui demanda l'aumône ;
« il était assis sur la chaussée de l'étang.
« Je suis bien pauvre, lui répond le saint,
« mais ce que j'ai, je vous le donne ! Il
« lui fit alors un signe de croix sur le
« front et aussitôt ses yeux s'ouvrirent.
« Allez, lui dit le saint, allez vous laver

« les yeux là. Dans l'endroit indiqué, il
« s'ouvrit une source qui, depuis, n'a
« jamais tari. »

Autre guérison

Au mois de juin 1887, une petite fille,
âgée de cinq ans, n'avait jamais pu ouvrir
les yeux à la lumière du soleil. Elle avait
la vue faible, elle fut portée à la fontaine
de Saint-Lunaire Dès que ses yeux
eurent été lavés à la fontaine, elle les
ouvrit sans peine, et depuis, elle n'en
souffre plus. — TESTIS.

Je n'invente rien, je constate la déposi-
tion des personnes qui ont vu. En certi-
fiant l'exactitude des guérisons obtenues
par la puissance de saint Lunaire, je ne
connais pas le nom du témoin de ces faits,
elle est là, depuis une trentaine d'années,
âgée de soixante et tant d'années. A une
personne intelligente, pieuse et croyante
je ne puis dire qu'*Amen* !

Saint Lunaire est encore invoqué et
produit toujours des miracles au Lauscoët,
près de Saint-Meen.

On raconte qu'un jour une voiture passant sur le pont, le cheval s'emporte, la voiture se brise, et les voyageurs sont précipités sur la fontaine d'une hauteur prodigieuse sans éprouver aucun mal, par la protection de saint Lunaire.

CHAPITRE XV

En route pour Pontual, saint Lunaire
s'arrête à Saint-Méen. Ce saint était-il sur
le navire de saint Lunaire ? Nous l'ignorons. En tous cas, saint Méen arrive à la
même époque dans la Bretagne armori-
caine au vi⁰ siècle.

« Le passage de saint Lunaire à Saint-
« Méen est un point de l'histoire qui
« marque une liaison essentielle entre
« saint Lunaire, saint Samson et saint
« Gudcoël ».

De Saint-Méen, saint Lunaire, en retournant au Décollé, se rend à Miniac,
sous Bécherel. Faute de documents sur
cette station, fondée par saint Lunaire, je
suis heureux de donner lecture d'une

lettre que j'ai reçue le 23 septembre, ainsi
conçue :

« Vous voudrez bien m'excuser en sa-
« chant que j'arrive d'un long voyage et
« que j'étais absent à l'arrivée de votre
« lettre.

« Je suis heureux d'apprendre votre
« projet d'études sur la vie du bon saint
« Lunaire pour augmenter la dévotion
« envers ce saint patron.

« J'ai consulté quelques anciens de
« notre paroisse au sujet de l'origine de
« la dévotion à saint Lunaire dans notre
« pays. Comme vous le supposez, saint
« Lunaire est le second patron de Miniac,
« notre autel et chapelle latérale, aujour-
« d'hui, appelée chapelle Saint-Joseph, se
« nommait la chapelle Saint-Lunaire.
« Dans cette chapelle, nous possédons
« encore une statue de saint Lunaire en
« bois et très ancienne. On vient sou-
« vent prier devant cette statue pour la
« guérison des yeux, ou pour obtenir un
« temps favorable pour les moissons.

« Souvent de pauvres âmes déposent

« devant saint Lunaire des bouquets et
« des bougies. On y vient même des pa-
« roisses voisines.

« Nous possédons là, à trois kilomètres
« du bourg une fontaine murée de saint
« Lunaire.

« Une fondation très antique autrefois
« et tombant un peu en ruines, possédait
« aussi une petite statue dont on voit
« encore la niche au pied. — Il se tenait
« autrefois une assemblée sur le placis
« de cette fontaine.

« On suppose que cette source limpide
« et abondante était pourtant grillée
« comme à Saint-Lormel : car on y
« montre encore la maison voisine où
« l'on distribuait l'eau de la source aux
« malades. On vient aussi à cette source
« en procession dans les temps de séche-
« resse, et l'on raconte que plus d'une
« fois, la pluie tombait au retour de la
« procession. Le pasteur trempait le pied
« de la croix dans l'eau de la fontaine et
« se gardait bien de l'essuyer.

« De mon temps, il y a quelques années,

« nous avons fait, pour obtenir de la
« pluie, une procession à cette source en
« l'honneur du bon saint. Dès le soir,
« nous eûmes un peu de pluie et les pa-
« roisses voisines en furent privées.

« Nous avons porté sur la fontaine la
« statue de notre église et trempé le pied
« de notre croix de procession dans la
« fontaine de Saint-Lunaire.

« Courage, Monsieur le Chanoine, pour
« l'exécution de votre pieux projet.

« André LEROY,

« *Recteur de Miniac-sous-Bécherel,*
« *(Ille-et-Vilaine)* ».

C'est là où saint Lunaire retrouve le
lépreux qui n'était pas lépreux primiti-
vement. L'homme s'agite et Dieu le
mène. Il demande sa guérison. Elle ne
lui est pas accordée. Nous le retrouve-
rons à Pontual.

Après son entrevue avec le mendiant,
saint Lunaire prend la route de Talansac.
Est-ce lui qui jeta les premiers germes
de la foi chrétienne dans cette intéres-

sante paroisse ? Nous l'ignorons ! Un fait certain c'est qu'il y a dans cette paroisse une fontaine du saint.

Après une assez longue absence de son monastère, saint Lunaire était venu chercher au Décollé la solitude et la paix.... Il n'y fut pas longtemps, sans se trouver mêlé aux intrigues les plus violentes, aux entreprises les plus criminelles de l'ambition.

Les intrigues.

Les sept fils de sainte Pompée, sa mère, n'avaient pas reçu du Ciel sa piété, sa sainteté, son dévouement pour les populations malheureuses du pays. Certains d'entre eux, en opposition à saint Lunaire, désiraient le pouvoir et la domination.

Il venait de se passer une révolution étrange ; le roi Jonas avait été tué, sans qu'on eut pu connaître l'assassin ; il laissait une veuve avec un fils, Judual, encore jeune enfant de six ans. Dans ce trouble général, causé par cet événement, son père était resté comte des Bretons.

Ultra et citra mari usque ad mortem. Connemore, comte du Poherd et frère de saint Lunaire, entrait par force dans la Domnonée, pays des Curiosolites (Corseul).

Il avait, grâce à son frère Tugdual, évêque de Tréguier, imposé son alliance à sa belle-sœur et aux Curiosolites sa domination, comme tuteur de l'orphelin.

On ignorait que le vrai assassin de Jonas, Hoël II, était Connemore lui-même, que c'était lui qui avait armé le bras des sicaires ; on ne lui soupçonnait même aucun mauvais dessein contre Judual, l'enfant de sainte Tréfine.

Une nuit, après une longue prière, la mère du jeune prince, couchée près de son nouvel époux, eut un songe étrange : Elle vit son fils siégeant au haut d'une montagne, où il recevait les hommages des seigneurs bretons, qui tour à tour venaient s'incliner devant lui, chacun lui offrait un sceptre, symbole de la royauté. Après avoir pris les sceptres, Judual se levait, passait en tête du cortège, et

tous le suivaient, lui faisant, par
leurs acclamations, une marche triom-
phale. La reine, émue de ce songe, s'éveille
et, n'en pénétrant pas le sens, elle réveille Connemore, lui en fait part. Le
prince, plus clairvoyant, s'écria en grand
courroux : « Cela veut dire certainement
« que ton fils me fera la loi, règnera sur
« ce pays, me rendant son subalterne ! Ah
« non ! cela ne sera pas ! Demain, je lui
« couperai le cou. Ta vision de royauté
« pour ton fils ne se réalisera pas, certai-
« nement ».Cette interlocution terminée, le
sommeil reprend Connemore. La mère
veillait. La pauvre femme éperdue, court
aussitôt faire lever son fils, lui raconte
la mort qui le menace, le presse de fuir
sur le champ avec une femme attachée à
son service, et cette femme était dévouée
à son pupille.

A cette époque, la cour du prince était
installée dans le château du Guildo, non
pas celui où résida l'infortuné Gilles de
Bretagne. Fuir ! mais où ? Le monastère
de Saint-Lunaire n'était pas loin, à deux

pas, le jeune prince y va demander asile à son oncle ; malgré le péril qu'il traîne à ses pas, saint Lunaire l'accueille avec une effusion paternelle, avec l'amour dévoué ; le console avec tendresse en lui disant : « A cet âge ayez confiance en Dieu,
« il vous débarrassera de votre beau-
« père ! En attendant, ne crains rien ici,
« tu es en sûreté ! Dieu et ta nounou te
« garderont. A la protection de Dieu ! »

Après ce récit historique, nous trouvons dans le monastère un saint, l'action d'un saint ! la charité et le dévouement de saint Lunaire.

Le jour venu, furibond, Connemore cherche sa victime, l'enfant de sainte Trefine ; quand il le sait échappé, il est pris d'une rage indescriptible ! il apprend le lieu de sa retraite au monastère de son frère ; il envoie aussitôt sommer saint Lunaire de lui remettre l'enfant.

Sa réponse fut celle d'un saint : « Mon
« office n'est pas, ô mon frère, de pro-
« curer la mort ; au contraire, dit l'évêque
« d'Aleth, c'est de rendre la vie ! Toute-

« fois, si Connemore veut venir demain
« ici, à la troisième heure, je lui ferai
« voir Judual ».

Surpris, non découragé, notre saint fait
équiper pendant la nuit une barque pour
prendre la mer. Il la fait descendre à
l'embouchure de la Rance et de l'Arguenon ; il y conduit l'enfant avec ses gens.
Il laisse près du rivage, comme autrefois
la mère de Moïse sur les bords du Nil, un
homme pour parer à toute éventualité.

En ce temps-là, autour du monastère
du saint, veillait un garde de jour et de
nuit. A chaque heure, il criait : *Quid de
nocte ?* Que se passe-t-il à cette heure ?
Cet usage existe encore dans les villes
hanséatiques, de même en Orient, sur
une tourelle de Mizim. Un musulman
s'éraille le gosier en criant aux quatre
coins de la ville : Que faites-vous à cette
heure ? C'est l'heure de prier à la mos-
quée.

L'heure, indiquée par le saint avait
sonné au timbre du monastère. Tout-à-
coup un bruit étrange se fait entendre

dans la forêt de Pontual. Le pas des ca-
valiers, le cliquetis des armes, les ordres
impérieux de Connemore le Maudit reten-
tissent à l'horizon. A l'instant le monastère est cerné par les guerriers,
Connemore trouve l'évêque, son frère,
priant et veillant sur le dépôt sacré qui
lui avait été confié. « Moine, lui dit le
« Maudit, tiens à la promesse que tu me
« fis hier ; je veux voir Judual, mon en-
« nemi ! » Cet ennemi était un enfant.
L'oncle de cet enfant, saint Lunaire, conduisit le prince Connemore sur le sommet
de la montagne près de la mer. En route,
le saint levant les mains pour bénir la
nacelle attachée au port, donnait le signal
de lever l'ancre, une main coupe l'amarre,
la bisquine, soulevée par le remous et la
brise descendant de l'Arguenon, prend le
large, l'enfant était sauvé. La barque bien
dirigée vogue à pleines voiles vers les
rives de la Seguana, Paris.

Inquiet, furibond Connemore veut voir
Judual, saisir l'enfant. « Voyez-le donc,
« reprend le saint, le voilà, c'est lui qui est

« debout au milieu du navire. » Le prince le reconnaît. Affolé, plein de colère, il lance au moine-évêque, son frère, un vigoureux coup de poing en pleine poitrine. Saint Lunaire ne dit mot, se met en prière et verse des larmes. Le coup étant frappé, un remords s'empare du cœur du prince. Profondément humilié, respirant la rage ou le repentir, il remonte en selle ; tout hors de lui, il plonge ses genoux dans les flancs du cheval ! Celui-ci se cabre sous l'étreinte, traverse les sentiers du bois de Pontual d'un bond désespéré, il tombe sans vie au passage du Fremur, accablant de son poids ce prince criminel. On retire le prince Maudit mourant, il est transporté au Guildo, la cuisse cassée, il y resta longtemps entre la vie et la mort ; il se rétablit vaille que vaille, mais ne fut jamais guéri. *Nunquam post ea usque ad mortem fiat sanata.*

Après ce drame émouvant, la vie de son neveu était sauve, et le souverain usurpateur de la Domnonée, pays curiosolite, rentrait au Guildo.

Saint Lunaire rentre calme, serein dans le monastère; au pied de l'autel il demande à Dieu le pardon pour les coupables et la protection des faibles.

Saint Lunaire pensait à visiter les nouvelles paroisses qu'il avait fondées, elles étaient nombreuses. Au moment de son départ, on le demande. C'est le lépreux qui n'était lépreux que par sa fourberie. Il le reconnaît, l'interroge et l'entend.

« Fatigué, découragé, vous m'avez
« fait une promesse, je reviens au bord de
« la Rance, je reviens chez vous disant :
« Soyez béni, ainsi que la parole qui sort
« de votre bouche ! guérissez-moi de cette
« lèpre que j'ai obtenue en blasphémant
« l'œuvre de Jésus-Christ. »

« Croyez-vous, dit Lunaire, que je puisse
« vous guérir ? » — « Oui ! je le crois de
« tout cœur ! » — « Eh bien qu'il vous
« soit fait selon votre croyance ! » Aussitôt, à la prière du saint, les écailles tuméfiées du lépreux tombent d'elles-mêmes, sa chair redevient fraîche comme celle d'un enfant. La parole du Sauveur était vérifiée

quand il dit : Il n'est pas permis de mentir
même au péril de sa vie ! Lui en mentant
était devenu lépreux, il est guéri en
disant la vérité. O mon Dieu, que vos
décisions sont justes ! ! !

Pendant ce temps, où saint Lunaire
continuait son apostolat, Judual, son neveu, abordant en Gaule, était accueilli
avec honneur à la cour du roi de Paris,
Childebert. Nanti de ce gage, Judual ré-
duisit Connemore à l'état de vassal, à la
suggestion la plus complète. Le tyran
des Curiosolites devint le valet des Francs,
jusqu'au jour ou Judual arrivé à l'âge
d'homme vainquit et soumit l'usurpateur
Connemore. Ce dénouement était loin encore. Il n'eut lieu que plus tard, grâce à
la puissante intervention de saint Lunaire,
évêque d'Aleth, supérieur du monastère
de Pontual à Saint-Lunaire.

CHAPITRE XVI

Après une aussi longue pérégrination
et guéri à son arrivée, le lépreux demanda
à passer la nuit dans le monastère. Avant
l'heure du repas, les religieux se rendent
à l'église pour la prière en commun. Les
luminaires installés comme de coutume
étaient éteints. Quelle en était la cause ?
On l'ignore ! Sans observation, saint Lunaire se prosterne devant le Saint Sacre-
ment, ses disciples cherchent du feu, sans
pouvoir en trouver. L'invention des allu-
mettes était ignorée en ce temps-là.
L'heure de l'oraison terminée, saint Lunaire se lève au milieu de l'obscurité, il
imprime le signe de la croix aux quatre

angles du sanctuaire, et les lumières brillent, à la grande admiration des religieux et du lépreux guéri, constatant un nouveau miracle de la part du saint..... Quelle puissance! Quel saint!

Les années se passent! Ses œuvres grandissent ; lui, plein de gloire, de mérites, sent le jour de sa transmigration du temps à l'éternité arriver.

Couché sur un grabat, dans sa cellule, il appela ses religieux et leur dit :

« Mes frères, souvenez-vous de ce que
« nous sommes, de ce que nous devien-
« drons! Que sommes-nous? Des hommes.
« Qu'est-ce que l'homme? Un peu de
« poussière. Que deviendrons-nous? Nous
« deviendrons semblables à Jésus-Christ,
« si nous travaillons à devenir ce que nous
« ne sommes pas, en suivant le conseil du
« Christ qui nous dit : Que celui qui
« veut me suivre fasse abnégation de
« lui-même. Qu'il prenne sa croix et me
« suive. — Nous devons tout attendre de
« Dieu, et pensons à notre dernier jour.
« Nous en sommes incertains. Veillons,

« prions, en attendant notre Juge. En
« attendant, je prie le Sauveur de vous
« protéger, de vous donner la force de
« faire le bien. Que la fin de vos jours ne
« vous tracasse pas. Que votre cœur ne
« soit pas troublé. Labourez autant que
« vous le pourrez. Vous ne devez pas re-
« garder en arrière de la charrue qui a
« défriché Saint-Lunaire. Dans le travail
« est le salut, dans la prière est la sain-
« teté des âmes. Je vous ai donné
« l'exemple — autant que Dieu me l'a
« permis — je vous quitte, en vous priant
« de continuer l'évangélisation de ce bon
« peuple, de l'amener à la foi afin que
« nous puissions, un jour, nous retrouver
« Là-Haut, au-dessus des falaises, du
« promontoire du Décollé. *Amen.*

Doué d'une intelligence remarquable,
plein de foi, armé d'un courage invincible,
saint Lunaire fit ses adieux à ses frères.
Plein d'ans, de vertus et de mérites, il mourut à l'âge de 115 ans. Il avait plus de quatre-
vingts ans d'épiscopat, le plus long règne
d'évêque dont fasse mention l'histoire de

l'église catholique. On lui donna pour cercueil un beau sarcophage gallo-romain trouvé comme le bélier d'or, parmi les ruines de quelque ville antique, heurtées par la charrue de notre saint. Ce sarcophage est encore dans l'église de son monastère, à Saint-Lunaire.

CHAPITRE XVII

LE TOMBEAU DE SAINT LUNAIRE

Après la mort du saint, son corps fut transféré dans la chapelle du monastère, en vue de la résurrection. Pendant la cérémonie funèbre et toute monacale, on entendit un chœur d'anges et la voix des saints qui retentirent jusqu'aux échos de la Rance et de l'Arguenon. Heureux celui qui rentre au Ciel par de telles acclamations.

Que dire de ce moine, de ce vieil évêque? Sinon que ses œuvres ne sont point effacées, après quatorze siècles écoulés. Le tombeau dans lequel fut mis le corps de cet apôtre est remarquable à tous les points de vue. Ce sarcophage est de l'époque Gallo-Romaine. Sur la face, du côté nord, un savant épigraphiste, le commandant Mowat, lisait, il y a quelques années, les lettres *Sever*, gravées en creux. Elles indiquent le nom de Sever — un personnage romain — empereur ou commandant. — Enseveli dans ce sarcophage, inhumé dans son église, le corps resta, au milieu de la vénération universelle, jusqu'à l'invasion Normande. A peu près vers l'année 965, l'évêque d'Aleth, Salvator, par crainte de voir ces reliques profanées par les Saxons, transporta à Paris les restes de saint Lunaire, de saint Magloire et de saint Samson. Hugues le Grand, duc de France, et son fils Hugues Capet, fondèrent dans la capitale le monastère de Saint-Magloire pour les recevoir.

Le calme et la tranquillité étant revenus en Armorique, on rapporta nos saints. Comme nous l'avons déjà vu, ceux qui rapportaient saint Lunaire, s'arrêtèrent à Beaumont-sur-Oise. Arrivés en Bretagne, on les déposa au lieu même d'où il était parti. Le cercueil de l'apôtre retrouvé, on le plaça par vénération au milieu du chœur de la chapelle, puis on éleva autour une église en pierres dont il reste encore la nef. Après un abandon déplorable, on vient de la restaurer un peu, afin d'abriter le tombeau du vénéré patron et fondateur de la paroisse. Ce tombeau, restauré, se compose d'une dalle de granit sur laquelle repose l'effigie de saint Lunaire. Il est revêtu du costume épiscopal, avec la chasuble antique et la mitre basse. Les mains sont croisées sur la poitrine de manière que la droite retient la crosse dont l'une des extrémités s'enfonce dans la gueule d'un monstre, que le saint foule aux pieds. Sur la poitrine, à gauche, une colombe aux ailes tendues, tient dans son bec un objet carré ; c'est la pierre sacrée rapportée par la colombe. La statue du saint est d'un style remarquablement pur, et la physionomie de l'évêque est belle, noble, d'un art achevé, très délicat.

L'histoire du saint explique les attri-

buts qui accompagnent cette statue. Le
monstre écrasé par l'évêque, c'est l'idolâtrie, le druidisme qu'il chasse du pays
en y fondant son monastère et ses paroisses. L'autel portatif que tient la
colombe, c'est la pierre sacrée tombée à
la mer, et déposée aux pieds du saint
lors de son débarquement. Cette pierre
sacrée était dans l'église de Saint-Lunaire
au siècle dernier. En voici la preuve.

En juin 1742 Monseigneur de la Bastie,
évêque de Saint-Malo, vint transférer les
restes de saint Lunaire dans de nouveaux
reliquaires. On lui présenta le chef
de saint Lunaire, enchassé dans une belle
tête d'argent, puis deux autres reliquaires, dans lesquels on déposa un
« ossement de jambe, un d'une cuisse, un
« autre d'un bras ; une épaule, deux nœux
« d'eschine entiers, deux côtes presque à
« leur long, quantités d'autres petits
« ossements où il y a de la soie rouge à
« plusieurs, sa croix, *son autel portatif,*
« son peigne attaché avec de la soie
« rouge et plusieurs morceaux de ses

« ornements. — (Arch. fond. de Saint-
« Malo) ». — L'évêque ordonna de les
exposer à la vénération des fidèles, ainsi
qu'ils le furent de temps immémorial.
Un autre document, plus ancien, qui est
actuellement dans la Bibliothèque Nationale du Blanc-Mant. à Paris, XXXVIII,
p. 632, est une réponse du Recteur de
Saint-Lunaire à Dom Maur Audren de
Kerdrel, prieur de Redon.

« Lunaire, écrit-il, c'est Leonorius du
« *Propre* de Saint-Malo dont on fait mé-
« moire le 1er de juillet, et dans la pa-
« roisse, la feste solennelle avec octave
« et affluence de peuple de toutes parts,
« plus de dix et douze lieues à la ronde :
« qu'on invoque pour le mal des yeux,
« avec une infinité de guérisons pour
« cette infirmité de la vue.

« Il est constant qu'il passa de la
« Grande-Bretagne dans ce lieu de Pon-
« tual, qu'il y demeura, y vescut, y est
« mort et enterré, y creusa une fontaine
« qui s'y voit et trouva un trésor, y
« bastit sa demeure avec quatre-vingts

« compagnons, mit des bornes à sa pa-
« roisse.

« L'église, le bourg sont sur le bord
« de la mer, à la portée de deux coups
« de mousquet. Saint Lunaire mourut
« dans la solitude de Pontual, y fut
« enterré dans le chœur, au milieu, dans
« un tombeau de pierres de taille élevé
« de terre de deux pieds et pardessous
« lequel les pèlerins passent par dévotion.

« Les reliques sont : son chef enchassé
« d'argent, deux grands reliquaires d'é-
« bène vitrés, où sont les os des jambes,
« des bras, des omoplates et quelques
« costes avec croix à deux croisées, son
« *autel-portatif*, sa manipule, une partie
« de l'estole et beaucoup de morceaux
« de la chasuble. — Id. p. 634 ».

Pour compléter cette description, constater l'authenticité des reliques contenues
dans le sarcophage, nous citons le compte
rendu d'une inspection faite le 20 juin
1763, lors de la translation de ce tombeau du chœur, au pied du pilier où il se
trouve actuellement.

« Nous André Lossieux, recteur de
« Pleurtuit, et Guillaume Thibault, rec-
« teur de Saint-Lunaire, certifions avoir
« trouvé ledit tombeau de saint Lunaire
« rempli de sable et couvert par une
« pièce de bois de chêne qui nous a paru
« très antique, avons trouvé dans ledit
« sable une machoire, mollière inférieure
« du costé gauche, naturel, avec tous les
« emplacements des dents, intègre dans
« la forme, mais tronqué de son autre
« costé presque de moitié; de plus avons
« trouvé un costé entier, du costé droit,
« un morceau considérable d'un autre
« costé long, environ trois pouces; un
« autre morceau long d'environ un pouce,
« trois autres esquilles d'ossements, et
« trois petits articles qui nous ont paru
« des mains et des pieds; telles sont les
« reliques que nous avons trouvées dans
« ledit tombeau, ayant remué et examiné
« le sable qui les enveloppait, et après
« notre examen exactement fait, avons
« réunis les différentes parties cy-dessus
« mentionnées dans ledit tombeau, enve-

« loppées dans un double papier au milieu
« du sable qui remplit la pierre du sépul-
« crale, et avons fait replacer au-dessus
« la couverture de bois et la pierre de
« taille supérieure qui fait le couronne-
« ment dudit tombeau. (Arch. de l'évêché
« de Saint-Malo, actuellement dans la
« Bibliothèque départementale, à Rennes,
« extrait). »

Dans son Dictionnaire historique de
Bretagne, M. Ogée écrit : « Qu'à Saint-
« Lunaire existait, en 1780, la tête du
« saint dans un reliquaire d'argent, et
« deux autres ossements dans deux reli-
« quaires de bois d'ébène vitrés »

Nous pensons que ces deux reliquaires
furent volés par la Révolution, dont les
facteurs, aimaient mieux, comme les Nor-
mands, au IXe siècle, les reliquaires en or
et en argent que les reliques.

Et nous croyons qu'on ne toucha pas
au sarcophage pendant la période révo-
lutionnaire. On n'y remarque, en effet,
ni brisure, ni égratignure. Il est demeuré
intact. Et ce tombeau contient encore les

reliques du saint y trouvées le 25 juin 1763. Dans ce rapport de 1742, on remarque « qu'un ossement de jambe tout entier » n'est plus retrouvé dans le tombeau en 1763.

Non ! ce tibia fut donné par un acte authentique de Monseigneur l'évêque de Saint-Malo, à l'église de Saint-Lormel, qui elle-même, plus tard, en donna une petite parcelle à l'église de Saint-Lunaire — la seule relique qu'elle possède — hormis celles que je crois être dans le sarcophage.

Il ne peut exister aucun doute sur la donation des reliques de saint Lunaire à Saint-Lormel et la cession d'une parcelle du tibia à Saint-Lunaire. — Monsieur l'abbé Salmon, actuellement recteur de Saint-Lormel, a mis sous mes yeux les pièces authentiques de nos Seigneurs les évêques de Saint-Malo et de Saint-Brieuc. — Et j'ajoute que la relique de saint Lunaire est encadrée dans un magnifique reliquaire en bois doré offert par une institutrice Anglaise, au château de

M. Rioux de l'Argentay, à Saint-Lormel.

Les jours derniers, en allant faire l'estampage du tombeau de saint Lunaire, que nous reproduisons au commencement de cet opuscule, nous avons visité la fontaine de Saint-Lunaire. Elle est toujours là, telle que la creusa le saint. La chaleur et la sécheresse désolaient la côte, l'eau manquait à Saint-Lunaire et cette fontaine mesurait encore un mètre quatre-vingt centimètres d'eau pure et limpide comme de l'eau de roche. Le champ où elle est située, près de l'église, appartient aux demoiselles Betaux. — Ne serait-il pas possible d'en rendre l'accès plus facile pour les pélerins, et d'utiliser le reste de l'eau pour les besoins de la population. Nous soumettons le cas à M. le maire, qui, en ce moment, restaure l'ancien sanctuaire avec le secours de la Société d'Archéologie des Côtes-du-Nord.

☩

Fin de mars, j'eus l'honneur de voir à
Rennes Monseigneur Gonindard, archevêque, succédant à Son Eminence le
cardinal Place ; je soumis à son appro-
bation la vie de saint Lunaire.

« Mon cher monsieur le Chanoine,

« Je connais votre orthodoxie, votre
« manière d'écrire. Le temps ne me per-
« met pas de lire, en ce moment, la vie de
« saint Lunaire. Dans quelques jours j'en-
« treprends mon voyage *ad limina*, auprès
« de Sa Sainteté le Pape Léon XIII.
« A mon retour, j'aurai une longue
« tournée de confirmation et je suis
« malade. Je tiens cependant à ce que

« ma signature termine votre travail.
« Vous me l'apporterez imprimé à Saint-
« Briac. J'espère qu'il sera profitable au
« salut des âmes et contribuera à la
« gloire de saint Lunaire en ce pays que
« j'aime tant. Je vous remets ces quelques
« mots.

Anno Domini millesimo octingentesimo nonagesimo tertio, die vero XXVII mensis martii.

« † JOANNES NATALIS,

« *Archiep. Rhed., Dolen. et Maclov.* »

Les Ormeaux, à Dinard, fête de saint François-Régis, le 19 juin 1893.

L'Abbé P. ROZÉ,

Missionnaire apostolique, Chanoine, Membre de la Société géographique de Paris.